近代の渡来人
落ちこぼれからの
七転び
八起き人生

河本行雄
河炳俊
YUKIO KAWAMOTO

Parade Books

目次

■ 第1部　誕生から25歳

第1章　誕生から幼少期 ………………………………………………… 7

　誕生 …………………………………………………………………… 8

　長等小学校時代 …………………………………………………… 12

第2章　学生期 …………………………………………………………… 17

　皇子山中学校時代 ………………………………………………… 18

　石山高校時代 ……………………………………………………… 22

　予備校時代 ………………………………………………………… 24

第3章　青春期 …………………………………………………………… 27

　社会に出る ………………………………………………………… 28

　結婚を決意 ………………………………………………………… 37

　生きる糧を求めて ………………………………………………… 42

■ 第2部　25歳から50歳

第4章　青年期 …………………………………………………………… 45

　経済活動 …………………………………………………………… 46

不動産事業 ── 順調なすべり出し～バブル崩壊 ················ 46

バブルの後始末 ·· 55

パチンコ事業 ── 森商事のこと ·································· 59

ゴルフ場開発 ── 地元協力金で逮捕される ················ 62

住宅地開発事業 ── 10年がかりでやり遂げる ············ 67

社会活動 ·· 69

社団法人大津青年会議所（大津JC） ···················· 70

在日本大韓民国民団滋賀県本部 ···························· 74

■ 第3部　50歳から75歳

第5章　壮年期 ··· 79

〈新たな出発〉在日コリアンの生き方を模索して ·········· 80

社会活動　近江渡来人倶楽部 ······························· 80

（1）近江渡来人倶楽部設立に至るまで ············· 84

① 在日永住コリアンの将来を思う ························ 84

② 在日コリアン（特別永住者）の20世紀 ············ 89

在日コリアン一世 ·· 89

在日コリアン二世以降 ································ 91

③ 在日コリアン（特別永住者）の21世紀 ············ 95

在日コリアン社会の課題 ···························· 95

21世紀の日本社会・内なる国際化と多文化共生 ············ 102

（2）近江渡来人倶楽部を設立して ·································· 108

▌近江渡来人倶楽部設立の思い ……………………………… 108

《 近江渡来人倶楽部の事業活動 》 ………………………………… 110

　▌[事業1] 渡来人歴史館 ……………………………………… 110

　▌　　　　講演会 …………………………………………………… 112

　▌[事業2] 多文化共生支援センター（SHIPS） ……………… 114

　▌[事業3] ヒューマニティ・フォーラム …………………………… 116

　▌[事業4] おうみ多文化交流フェスティバル ………………… 129

　▌[事業5] OTCマダン（Ohmi Tryjing Clubの広場）……… 131

　▌座談会（「創立20周年記念誌」から）………………………… 138

　▌近江渡来人倶楽部の活動年表 ………………………………… 156

■ **第4部　75歳から**

第6章　**熟年期** …………………………………………………… 163

第7章　**後世に伝えたいこと** ………………………… 167

再び小学校時代と青春時代について ………………………… 168

志と運 …………………………………………………………… 173

「日本社会の目覚まし時計」に ……………………………… 175

忘己利他 ── 「思い」から「思いやり」へ ……………… 178

近代の渡来人、ここに眠る …………………………………… 179

第8章　人生の記録と年表 ……………………………… 181

「四住期」と私の人生 ……………………………………… 182

アルバム …………………………………………………… 187

あとがき ………………………………………………… 201

第1章

誕生から幼少期

誕生

　今、私の人生を振り返り、子どもの頃を思い出すときに出てくる映像は、私が生まれ育った家、すなわち大津市尾花川の農家の方々が作った家、畑の真ん中にあった家ですね。その景色がはっきり浮かんできます。それは農家の方が、地元の財産区の土地を借りて建てられた「農家住宅」でした。

　私の父親は、戦前に朝鮮半島から日本に渡って来て、和歌山から大阪、京都、そしてここ大津に来て住み着いたと言います。父の伯父さんが、朝鮮から先に日本に来て土建屋をやっていたそうで、父はその伯父さんに呼ばれて大津にやって来たのです。

　土建屋と言っても、今のように立派なものではなく、いわば「人夫出し」のような仕事ですよね。父親が朝鮮で中学校を卒業していて、日本語も計算もできるからと呼び寄せたらしい。戦前、1920年代の話ですね。父親は、農家住宅のひとつを分けて頂いて住んでいました。今、振り返ってみると、当時の朝鮮人にはそんなことは、まずありえないことだと思っているのですが、案外、尾花川では人間関係がうまくいっていたようでした。

　父親も土建屋の道に足を踏み入れていましたね。県の仕事とか、災害復旧などで大津市の大戸川の仕事などをやっ

ていたらしい。感謝状をもらったりして評判が良かったようです。その感謝状、以前、私も見せてもらいました。尾花川に接している観音寺に住んでいる人のお父さんやお祖父さんの世代は、私の父親のことをよく知っている人も多く、「河本のとこやったら」というふうに人間関係ができていたようです。

　私はね、今でも尾花川が自分の故郷という気持ちが強いですよ。生まれ育ったのがここですから。私の一番上の兄は朝鮮生まれで、その下の兄や姉たちは和歌山から大津に移ってくるときに生まれた。そして戦争が終わってからも尾花川にいたと聞いています。

　戦前はね、「大臣免許を持っている土建屋」で、当時資本金が100万円。会社名が「あさひ興業」と言っていました。以前、その定款を見せてもらいましたよ。その土建屋はたいへん上手くいっていたようです。人夫出しから始まり、だんだん仕事を大きくして、また、母親も努力して、子どもらを育てながら頑張っていました。だけど、そうこうするうちに、ある時「もう朝鮮に帰ろうか」という話になった。子どもらが大きくなっていく中で、将来のこととかいろんなことを考えたらしい。ただ戦争が終わるまでは身動きが取れないでいたようです。

　でも、戦争が終わって、両親が朝鮮に帰るということで、持っていた財産をまとめて朝鮮に送ろうとしたら、全部は送れず、かなり制限されたらしい。それからもうひとつ。親

が占い師（八卦見）に見てもらうと、私の二番目の兄のことをこう言われたらしいのです。「あなたが朝鮮に帰ったら、この子、死ぬよ」とね。

　それで、朝鮮に帰ることをやめようか、どうしようかと考えている内に、今度はピストル強盗に入られたのですよ。逃げられなかった者がいて、体をくくられてね。財産も取られ、死に体同然になって。朝鮮には帰れない状態になってしまったのです。

　それからが苦労の始まりですよ。朝鮮戦争開始後間もなくの頃であって、会社は経営陣が韓国派と北朝鮮派に分かれてしまって、大げんかになり解散してしまった。地元の有力者が何人かその中に入っていたのだけど、いわば本国の代理戦争のようなかたちとなっていた。

　結局、父は土建屋も出来なくなり、強盗にも入られ、また母は占い師に二男のことを告げられ、もうガクッとした状態になってしまった。私が聞いている限り、母親は「朝鮮に帰りたい」と言っていたそうですが、父はそうでもなかったようですね。

　私は、太平洋戦争が終わった3年後に生まれた。小さい頃のことを、記憶に残っている限りの話をしますね。

　父がピストル強盗に入られ、会社もつぶれて落ち込んでいた頃、上の兄が成人になっていて、父の仕事も手伝っていた。二番目の兄も立命館大学の学生で、石山寺や大戸川で仕事しながら、京都の学校まで往復していたと言ってい

ましたね。

　私の兄弟は長男が昭和3年生まれで、二男が昭和5年生まれ、三男が昭和10年生まれ、長女が昭和11年生まれ、二女が昭和18年生まれ、私が昭和23年生まれです。長男と私との歳の差は20歳もあるんですよ。

　朝鮮戦争が終わって、土建屋の仕事がなくなった後、兄は大津の進駐軍基地に出入りして、クリーニングなどの仕事をやるようになった。姉が文化服装学院で服飾を学んでいたので、兄がクリーニング、姉が洋裁というふうに、みんなで仕事に関わっていました。そうなると父はもう出る幕がなかった。

　私が小学生の時、姉に服を作ってもらっていました。たくさんの人たちがうらやましがったようです。お店を山上の今の大津市役所の前に構えたのは、昔、進駐軍基地の出入口があったからです。米兵が時々立ち寄り、お菓子やチョコレートをたくさんくれました。私はまだ小学1年生から2年生で、兄や姉に手をつないでもらって尾花川の自宅から山上の店へ行っていましたよ。これは父親に代わって家計を維持しようとした兄や姉の努力の結晶で、我が家系の愛すべき歴史だと私は思っています。

長等小学校時代

　ここから、私の小学校の話をします。太平洋戦争が終わって5年後、私が生まれて2年後に朝鮮戦争が始まりました。そんなことがあったなど、当時の記憶は全く残っていません。

　私の家は、長等学区の一番端でした、江若鉄道の線路沿いを歩いて学校に通っていました。実は、当時、私が朝鮮人であること、また朝鮮人部落に住んでいるということを痛感せざるを得ない環境がありました。

　私の家は、表玄関は日本人が住んでいる通りにつながっていて、家を出たら朝鮮人などはいない。一方、反対側の裏口を開けたら、全部朝鮮人が住んでいた。二十数軒ほど。その頃、私は表にはほとんど行ったことがない。裏ばかりでしたね。逆に姉は表ばかり。姉は日本人の同級生や友人ばかりで私は正反対でした。日本人の友だちはあまり多くなかった。

　裏はバラック小屋でしたね。便所も共同便所で。反面私の家は農家の家なので、まあまあ立派な家でしたよ。2階建てでね、そこに姉と住んでいました。2階と言っても、まあ、当時は中2階のようなものでしたが。その頃は兄たちは、皆家を出ていました。

　そういう環境の中で、私は朝鮮人として育つなかで、バ

ラックの家に住んでいた人たちに対して、限りない愛情を感じていました。以前は、父親が会社を経営していたし、生活レベルは違っていたけれど、みんなと団子になって遊んでいましたよ。

　朝鮮人のこの仲間は凄いなと感じていたし、同時にそんななかで「河本だけ違うな」と仲間外れにされるのではないかと思ったりもしていましたからね。その頃、朝鮮人の中で日本語の読み書きができる人が少なかった。手紙が来たら父親のところに持ってきたりして、父親を「凄いなあ」と思っているようでしたね。

　学校は長等小学校でした。小学校時代の思い出ですか？そうですね、白子という先生がおられて小学校4・5・6年の担任でした。今もご健在ですよ。年齢は90歳かな。その時はあまり可愛がってもらった記憶はないけれど、卒業して、「近江渡来人倶楽部」の活動などを通してお会いする機会があって、年齢を重ねる毎に仲良くなっていきましたね。今もお会いするたびに、「河本君は、あの頃はこうやった、ああやったなぁ」といろいろ仰ってくださる。

　小学校の頃、朝鮮人として先生から特別意識して見られていたことはありませんでしたね。今思うと、朝鮮人の仲間で、日本人からいじめられていた者がいたけれど、なかなかかばいきれないところがあったと思っています。

　長等小学校では野球をやっていました。まあ草野球ですよ。学校終わって家に帰った後、また学校に集まって、北

校舎のグラウンドで野球をするんですよ。日本人がほとんどでしたが、そんな中で差別されたという記憶はあまりない。でもね、中には「朝鮮！　朝鮮人！」という人間は確かにいた。内心は嫌で、無視していましたよ。

　また、学校の先生が、教科書を見て、朝鮮のことを話したり、地図をみたりするのが嫌でしたね。"朝鮮"という言葉を聞くのが辛かった。その当時は、韓国ということばは使われてなくて、韓国と言う教え方もされなかった時代でしたから。言葉のニュアンスが「チョウセン！」でしたね。その頃、男女とも仲が良かった。卒業してから同窓会の幹事をやってくれているお姉さん役のような女性たちは、今も「河本くん」と呼んでくれて、とても仲良くしていますよ。

　面白い話があります。在日コリアンのガキどもの遊び方なのですが、中学生を筆頭に、小学校4年生くらいから仲間に入れてもらって10人、15人が徒党を組んで遊びにいく。どこへ行くかって？　びわこ競艇場ですよ。なぜそこに行くかって？　それはね、お金が儲かるから。そこで何をするのか？　競艇場には観覧席があって、予想屋の器材なんかも置いてある。そのお立ち台の下に側溝があってそれを掘るのです。そこに泥にまみれたお金が埋もれている。10円玉とかの小銭がね。これが小遣いになるんですよ。けっこうたくさんあるんですよ、泥の中には。まるで鍵がかかっていない金庫のようなものでしたね。また、そこに船がく

くられていて、そのロープをほどいて、今の矢橋帰帆島や大津プリンスホテルあたりまで漕いで行ったり来たりしていましたよ。

第2章
学生期

皇子山中学校時代

皇子山中学校は長等、藤尾、志賀小学校の3つの小学校に通っていた生徒たちが集まっていました。私たちが住んでいた地域は、7割が日本人で3割が朝鮮人という北別所という自治会で、皇子山中学校の前でした。あからさまに様子が見えるので、嘘がつけない。バラックに住んでいる奴はバラックに住んでいると言わざるを得ない。

だけども、私の家は、農家の住宅だったので、ある意味「ええとこ取り」ができた。私の家に遊びに来た女の子たちもたくさんいて、恥ずかしくないという気持ちがありましたね。他の朝鮮人には申し訳ないと思いながらも、虐められる対象にはならなかった。かといって、虐められている者を助けてやろうかという器量はなかった。

小学校の時は、身体も小さかった。エピソードがあるのですが、小学校のクラス替えのときに、いつも席のことで、そのクラスの一番強い奴とけんかをする。いつもやられる。やられたら朝鮮人の強い奴に告げ口をする。なのであまり虐められませんでしたね。私は弱くてね、ちょうど漫画に出てくる、そう、『ドラえもん』の「のび太」みたいでしたよ。

小学校のときは、身体が小さく前から5番目くらいでした。けれども、中学2年から3年のときに身長が急に伸びて、180センチ、クラスで一番後ろか二番目くらいになっ

ていました。相当伸びましたね。自分で言うのも何なんですが、小学校のときはほんと可愛らしかった。

　クラブ活動の話ですか？　そう、それなんですよ。小学校のときは、琵琶湖も皇子山グラウンドも、競艇場もあるから、朝鮮人部落の友だちといつでもどこでも遊べるわけでね。それとあちこちの探検をしたいという思いがあって。

　そのことで、失敗談がありましてね。当時は果物がまともに食べられる時代ではなかった。秋の柿、冬のミカン、あとイチジクとか、いろいろあるなかで、琵琶湖で夜釣りの最中にお腹が空いたりすると、家のすぐ近所の畑にマクワやスイカを取りに行ったり。そんな時代でした。昔は、どこでもそんなふうな遊びができたんですよ。

　私たちは、夜に皇子山中のプールで泳いだり、琵琶湖でも泳いだり、またグラウンドで思い切り走ったり。野球もそうでしたね。遊ぶところにこと欠かなかった。だから私は、小学校はもちろんのこと、中学校になってもすぐにはクラブに入らなかった。

　そういう中で、ある時、尾花川に住んでいる怖い先生がいて、その先生に呼ばれて「お前、いつも琵琶湖で泳いでいるらしいな。水泳部に入れ」と言われた。実は、本来、泳いではならない「遊泳禁止区域」で泳いでいたのを見つかってしまって、水泳部に無理やり入らされたのです。

　水泳部に入って、その先生から「お前、背泳やれ」と言われ、練習して県の新人大会に出たら、なんと2位になっ

た。そうしたら、「お前、やれるやないか」と正選手に代わって試合によく出されましたね。でも私は嫌だったので辞めてしまった。

　今度はサッカー部に入ったのです。サッカー部は朝鮮人が多かったからね。サッカー部でキーパーをやらされて、気持ちよくやっていましたよ。結局、中学校のクラブはサッカー部で終えましたね。

　中学校では、これ以外に、陸上部に入り走ったり、そうそう野球部にも入りましたね、いろいろ経験しましたよ。特に野球部は人気があったな。たくさん友だちが入部していてね。思い出すのは、野球部は三井寺の観音堂の階段でウサギ飛びをやらされるのです。怖い先輩がいて後輩にやれとね。「これでは体がもたない。辞めさせてくれ」と言って辞めたのです。

　皇子山中は、当時12クラスあって、大津市内の中学校の中でもマンモス校でした。生徒数も一学年で600人近くいたでしょうね。皇子山中は、長等、藤尾、志賀の3つの小学校の卒業生が集まっていて、志賀小の子なんかはかなり遠いところから通っていました、京阪電車に乗ってね。

　藤尾小の子なんかも、小関越で歩いてきていたしね。クラブが終わって暗い中を歩いて帰るんですよ。私たちは学校の前に家があったので、身近に学校があることで好きなことができた。その意味では、私たちは自由人だった。それはラッキーでしたね。家と学校が近いということでいろんな恩恵を受けました。

朝鮮人部落ができた理由というのがあってね、戦前の琵琶湖は、競艇場がなくて、ヨシが生えていました。国道もなかった時代、琵琶湖周辺は誰でも住めるようなところではなかったのです。そこに、追い込まれてきた朝鮮人がひとり住み、ふたり住み、それから30軒くらいに増えていったのです。

　朝鮮人の多い大津市昭和町や粟津町も、きっとそんな感じだったのでしょう。「朝鮮人可哀そうやから」と、今の平和亭から皇子山中まで、地主が朝鮮人に畑を貸してやろうと。いいお爺さんがいて、私たちもほんと可愛がってもらいました。それと貸家のおじさんは、息子が私よりひとつ下だったけど、この人も全然差別しない。自治会とかでね。こんな人らに私たちは助けてもらったんですよ。

　振り返ってみると、中学生時代、僕は自由に琵琶湖に行ったり、中学校のグラウンドで遊んだりしていたので、学校の先生らが「こいつを戦力にしないとあかん」と言って水泳部に誘われ、そして最終的にサッカー部で終えることができた。皇子山中のサッカー部はほんと強くて近畿大会で優勝したりしてね。

　そのサッカーだけど、私が高校2年生のときに、試合で膝をケガしてね。じん帯損傷と半月板断裂だった。その時、試合中だったのでケガした後も、試合が終わるまでグラウンドにいた。京大病院に行ったのですが、治療方法がないと言われ、ギブスを付けて松葉杖で歩いていました。トイ

レで無理な体勢で用を足していたらしく、結局、悪くした右足だけでなく、左足も悪くしてしまった。当時は医療技術も今ほど進んでいなかったのでしょう。このときから私はサッカーを諦めたのです。クラブ活動にまつわる嫌な思い出ですね。

石山高校時代

皇子山中学から石山高校へ進学する時の話をします。中学校のときの成績は、学年で50番位のときがあったり、80番台のときも。或いは300番台というときもありましたね。担任の先生から、「膳所高？　やめておけ。大津高に行け」と言われましてね。大津高校は、元々は女学校で女子が多く気がすすまなかった。それで石山高校を受験したのです。石山高校は僕らが1期生だった。後々考えるとそれがほんと良かった。

先ほど話をしたように、高校2年生のときにサッカーの試合で大けがをして、散々な目に遭い、休学も覚悟していました。結局休学はせず、卒業したものの大学進学では浪人を余儀なくされましたね。それで予備校の関西文理学院に通うことになったのです。

サッカー部を辞めた後も、石山高での友人関係はたいへ

んよかった。真面目な人間やちょっと変わった奴、やくざとケンカするような男もいた。私が女性にモテたかって？いやいや、私は真面目な男として通っていましたからね。高校のとき、惚れた腫れたという話はあまりなかったですよ。そんな中でひとり、手紙をくれた女の子がいました。どうしても付き合ってほしいと言ってきてね。その時、私は、「今、こんなことをしている時とちがうだろ！」と叫んだ。何て、可哀そうな失礼なことを。

　好きな子もいましたよ。とても仲が良かった。陸上やバレーボールをやっていましたよ。石山高校から京阪電車石山寺駅に向かうとき、国分から蛍谷に降りて一緒に帰ったりしていました。石山高校は、1年生のときは、京阪電車錦駅近くにある滋賀大付属中学校のところにあって、2年になってから今の場所に移ったのです。あの頃の石山高校は1期生や2期生しかおらず、まるで団子のような感じでした。だからみんな仲が良かった。

　高校の同窓会は、クラスではなく学年全体で集まります。私が幹事をやっているときも、今もそうですね。男女間の仲も良くて、あまりカリカリしてなかったしね。恩師の先生との思い出もたくさんありますよ。

　ある先生がいて、その方は滋賀大の教授にもなられ、もちろん同窓会にも何回か参加されて、未だに年賀状もくださる。ニーチェがどうのこうの難しい話をされる先生でした。また矢橋でお坊さんされている先生もいてとても好きだった。

これまで、私の記憶を辿りながら、長々と高校時代の話をしたけど、大きなずれはないと思います。

　最後にひとつ、石山高校の学園祭のことですが、私自身はあまり貢献はしていないけれども、自由奔放な楽しい学園祭でした。石山高校は「自由」というものを大切していたね。「自由」は石山高校の校風にもなっていますよ。言い換えれば、「悪ガキ」も自由の風に当たれば、「良いガキ」に変わるということかな。

　進路について、私自身「大学へは行くものだ」と思っていました。私のいとこに京都大学の学生がいて、京大へ何回も連れて行ってくれてね、「京大、いいな」と思っていましたが、だけど当時、京大に行ったらたくさんの学生が赤い旗を振っていましたよ。私は、高校3年生の2学期くらいから浪人すると覚悟を決めていました。

予備校時代

　実は、ここからが私の本当の人生の始まりになるのですよ。

　予備校時代の話をしましょう。清純な感じの女の子との出会いがありました。恋愛がしたかった。予備校で出会った？　違いますね、予備校に通うために乗った京阪電車の

中で。全く知らない女の子に声を掛けったかって？　それ
も違う。その子は皇子山中学の時の同級生なのですよ。そ
の子とは中学を卒業して以来、ほんと久しぶりに出会いま
した。長等小から一緒の子。京阪電車に乗って会って話を
するようになったら、その子が明るいいい子に見えてきた
のです。京都の百貨店に勤めていたようでした。日々会い
たい気持ちが募っていました。

　これには伏線があるのです。中学生の頃は、女の子たちが
団体でよく私の家に遊びに来ていました。その中にこの女
の子がいたけれど、あまり話もしませんでしたね。男の友
だちが遊びに来ると、よく砂浜で遊んだり、ボートに乗っ
たり、釣りをしたりしていた。ある時、「お前、好きな子は
誰や」、こんな話になったのです。その時、僕はある女の子
の名前を言ってしまったのです。そうしたら、次の日、そ
いつらがその子の名前を学校でばらしてしまった。

　しばらくして、「えみこ」という名前のその子からクレー
ムを突きつけられました。「あんたに言われたくないわ」と。
それから仲が悪くなってしまって。それが中学2年のとき
の話で、それ以来、私は友だちの前では、女の子の名前を
一切言わなくなりましたね。

　そして予備校に進んだ春先、その子と出会ってまだ2ヵ
月かからなかったかな、駆け落ちまではいかないのですけ
ど、恋愛関係になるのですよ。関西文理学院に通って、午
前中は一応勉強するのですが、まったく身が入っていない。
関西文理学院は、鞍馬口という駅にあるのですが、お昼に

待ち合わせして、ふたりで遊びに行く。中学2年生のとき、「えみこ」事件のために酷い目にあってから、女の子に関しては真面目に真面目にやってきたつもり。それ以来、女の子にはあまり縁がなかったけれど、京阪電車が間を取りもってくれた。

　私が18歳のとき、浮足だっていましたね。手をつないで鴨川べりを歩くくらいのことですけど心が浮き立つ。初めての経験だし、解き放たれたような感情もあったのかな。ほんと楽しい日々を過ごしていました。でも、遂に家にばれてしまった。そして「お前はもう大学に行かず仕事しろ」と父親からきつく言われたのです。関西文理学院に入学し、「学校に行ってくる」といっては彼女に会っては遊び、父親に嘘をついていましたから。そして父親から勘当された。秋に家から放り出されたのです。

第**3**章

青春期

社会に出る

　私の父親には、「出来の悪い息子でどないもしようがない」と思われていたでしょう。家から勘当され、後に「遊び人」と言われるようになった私の最初の厳しい体験でした。でも本当は何も遊び人でも何でもないんですけれど。

　大阪で住み着いたところは阪急の岡町で、その会社の寮がそこにありました。勤めたのは「建設興信所」という社名でした。仕事の内容は、ゼネコンの下請け会社に会員になってもらい、そのゼネコンの体質を調査して情報を提供するという業務でしたね。もはや大学を行くことなどまったく頭にはなく、とにかく飯を食うことが精一杯でした。その寮で、生まれて初めて鍋でご飯を炊かされた。それが上手に炊けたのですよ。

　この経験が、後に株式会社三王を作ったときの大きな礎であり、原点になったんですよ。これがなかったら、今この場でこうして話をすることなどないかもしれませんね。この会社では、黒いふちのロイドメガネをかけた東京出身の先輩がたいへん可愛がってくれました。毎日のように、大阪梅田の阪急東通りの飲み屋に連れて行ってもらいましたね。私は当時、19歳のぼんちでした。こんないい場所で食事ができるのかと感動していました。もう寮に帰ってごはんを食べるという気持ちなんかが完全に失せていましたね。

考えてみれば、我が家は、上の兄から順番に大学に行きましたが、父親は、私には別段大学に行かしたくもなかったのでしょう。家計もそんなに余裕がなかったしね。私自身は当然大学へ行くものだと思っていたものの、ある時、父親はこう言いました。「理工科なら金を出す、政治科や経済科などの文系なら金を出さないぞ」と。

　もう懲りているのでしょう、私の兄のことで。兄は中央大学で国際法を学び、その後も京都大学に行って学んだ英才でした。けれども何にもならなかったのだと。当時の中央大学は凄かったし、兄は地元の膳所高校でも常にトップクラスの成績を収めていた。大蔵省に行かれた的場順三さんなど優秀な友だちともたくさん付き合っていたらしい。

　その兄が商売をやっては失敗していた。でも人間がとてもいいから私は嫌いにならなかった。とにかく勉強はめちゃくちゃしていました。中央大学は当時、司法試験の合格者数が一番だった。でも兄は当時司法試験を受けられなかった。在日韓国人だからね。つぶしもきかず、商銀の理事にしかなれなかった。

　父親のアドバイスが、良かったって？　いやいや、父親は『こいつだけはどないもならんやろ』と言ったり、『お前は乞食にしかなれんやろ』とも。当時、周りの人たちも、私のこと、そう思っていたのではないでしょうか。このように家から放り出され大阪に行ったのですよ。

　阪急東通りの飲み屋での話の続きをしますね。ある飲み

屋のカウンターバーで、大きなＵの字型のテーブルの向こうに女の子がたくさん座っている。ちょっかい出したり、キスしようにも距離があったからできない。それが酔うとね、女の子もその気だから、身を乗り出して、そばに寄って来て笑いながら『そんなことしちゃダメ。警察呼ぶわよ』とか、『よく来てくれるぼんち、こんなことをしたわ』と言われたりして、ほんと楽しかった。最高だった。もう舞い上がっていましたよ。

　こんな経験がね、後々に自分の財産になったのですよ。飲みに連れて行ってくれた先輩はよく仕事も教えてくれた。昼間仕事をしているときは信頼が厚く威厳を持ってテキパキ仕事をしていました。夜飲んでいるときとは全く違っていました。ゼネコンの下請けというのは、やっぱりお金がかかっているものだから弱い。情報をくれる人はもう神さんみたいなものでした。あの頃、ゼネコンで悪い会社がいっぱいあった。よく倒産もしていましたよ。

　それ以来、その先輩とは会っていないけど、今でも足を向けては寝られない、そんな気持ちですよ。その先輩からいろいろ教わるうちに、私のところへも仕事のオファーが来るんです。そうやって１年ほど経つと、「これは面白い」とちょっと鼻が高くなってきた。そうやって仕事というものを覚えていったのですよ。

　考えてみれば、関西文理学院に通っているとき、京阪電車で彼女に会わなかったら、どこかの大学に入学して通っ

ていたことだろう。本当に人生というものはわからない。

　運が作用するものですよ。分かれ道に立ったときの判断です。いったい誰がその絵を描いているのだろうか。この時代の体験や出来事は、私の記憶の中にしっかり刻み込まれていて、絶対忘れることはないですね。

　それからしばらくして、東京へ行かされました。社長から呼ばれて、「新宿に本社があるから、そこに来い」と言われた。「東京まで来いというのは、僕に見どころがあるから」と思ったりもしていましたよ。東京に行けばきっと待遇はいいだろうと思って行ったものの、まったくいいことはなかった。西武新宿線に小平という駅があって、その駅近くに一人住まわされました。電車に乗って新宿に通うだけでした。「更科そば」やかつ丼などを食べたりして日々を過ごしていましたよ。大阪とはとても大きな落差がありました。新宿の街は、当時そのドン突きに中村屋の建物がありましたが、ある日私はそれを見るとめまいがしたのです。それから身体を悪くした。もう東京が本当に嫌でしたね。

　ところで、関西文理学院に通いながら中学の同級生と出会い、別れ、大阪で仕事をするようになり、先輩に可愛がられ寮生活をしているとき、実は、ひとつ年上の女の子と付き合っていました。その子は服部緑地にアパートを借りていて、ひとり生活をしていました。そこに引きずりこまれた、いや、引きずりこんでくれと言ったのか、よく覚えていないけれど。その事が会社で目だったものだから、社

長が東京に来いと言ったのかもしれない。その子は東京の出身でした。神楽坂の老舗の印刷屋の娘だった。その子は先に東京に戻って、私が東京で仕事をするのを待っていてくれたみたいでしたね。神楽坂の、言ってみればまじめな家庭のお嬢さんだったのです。でも私自身は、その子とはもう会わないと決心して東京に向かいました。

　ある時、その子が東京の家に訪ねてきたのです。そうするうちに、また小平で出来上がってしまった。また一緒に生活し出してね、東京の街の案内をいろいろしてくれたり。東京のことは何も知らなかったから。その子の友だちも一緒にいろんなところに連れて行ってくれて、すごく楽しかった。

　そうこうするうちに、会社の社長が「大阪に帰ってもいい」と言ってくれて、大阪に戻った。そうしたらめまいがすっ飛んでしまった。まるで水を得た魚みたいになっていましたね。大阪で昔の仲間たちとまた楽しい生活が始まりました。しばらくして、僕の先輩で独立した人がいて、「こっちに来い」と言われて。「手伝いだけなら行ってもいい」と遊び半分で手伝っていました。その先輩の彼女はタイピストで二人で仕事をこなし、会社が成り立っていましたね。

　これを見て、「俺も独立しなあかん」と思い立ち、大阪の福島に事務所を借りたのです。そして兄のところへ行って、たばこ組合から300万円借りたのです。

　兄が保証人になってくれて、「金利をきちんと払って返せ」と言われた。これが20歳のときのことです。

その後、私が独立したことをその子が聞きつけて、「私がいないとあの人はだめ」と思ったらしい。「俺はこんな気持ちで会社を起こした」と言うと、彼女は受け止め、事務所の段取りなども手伝ってくれて、大阪の門真に二人で住みながら、仕事に励んでいったのです。

　独立すると、昔、私に遠慮していた者たちが会社に訪ねて来てね。予定以上の人数になってしまいました。給料を払えるかどうかわからないのにね。

　初めは調子が良かった。昔の会員さんのところを回ったら、会員になってくれるんですよ。でも人間というのは、1年2年とやっているうちに気心が変わってくる。やっているうちに、「建設興信所、元のほうがいいやないか」などという話も出てきたり、だんだん競争も厳しくなってくる。結局、先細りになって、福島の事務所まで出ていかないとだめなところまで追い詰められました。2年ももたなかったのです。

　福島の事務所を閉め、門真の家だけになって、電話の利権だけが残った。結局それも駄目になってね。それから女の子がスナックに勤めはじめて、私は "ひも" になってしまった。働くところもなく、ましてや借りた300万円も返せなくなってしまった。その時は失意の連続でしたね。ただその時も、母親だけは、2ヵ月に1回ぐらい会いに来てくれました。父親は、もう「『こんな奴は乞食にしかなれん』と言ったとおりになった」と帰って来ることも、敷居をまたぐことも駄目だと強く言われましたね。

一方、その女の子はほんといい子で、こんな状態になっ
てもたいへん尽くしてくれた。その後、ある一定の期間を
置いて、「私が取りなすから」と母親が父親を説得してくれ
て、大津に戻り家に入ったのです。母親は、その子に、「あ
んたは日本人やけど、私の家の嫁になるんやで」と言って
くれ、そうこうするうちに、親父がその子と仲良くなって
ね、その子をとても大事にしてくれました。

　1970年に、大阪で開かれた万国博覧会の翌年、土建屋の
アルバイトに行きだした。23歳のときでした。当時大津市
の湖畔に万博のために作ったビルが建築途中のまま放置さ
れ、地元では「幽霊ビル」と呼んでいましたが、そこで仕
事をしていました。彼女も家にだんだん馴染んできた矢先、
その子のお母さんが突然亡くなったのです。その子の母は
東京神楽坂の家業の印刷屋で社長をしていたのです。お父
さんは気のいい人だったが、何もできない。そのお父さん
は、長女の娘に帰って来てほしいと言ってきた。

　彼女が「お母さんの葬式だけ行ってくる」と東京へ向か
うとき、母親が「嫁になる子なので、私も行く。お前も来
い」と言って3人で神楽坂に行くことになりました。そし
て葬式に参列した後、その子のお父さんが、私に「養子に
欲しい」と言ってきたのです。

　私にとっては寝耳に水だったけど。そうしたら母親が、
「それはいい話や。養子に行け」と。「お前は養子となって、
もう一度勉強し直してここから大学へ行け」とね。母親は

本気だったけど、私は嫌でした。私はその子に「東京に来て、生きていくつもりはない。滋賀県なら別だけど、養子は、すまないけど、断わらしてもらう」と告げました。彼女を嫁にするつもりでしたが、昔めまいを覚えた東京がほんと嫌でした。やっぱり地元の滋賀が好きだったのでしょう。

　その後、砂利を採る山に入ってブルドーザの運転をしていた時、その子が綺麗な着物を着てここ大津にやって来ました。この件は電話では終わっていたが、別れるためにここにやって来たと。「お互いけじめをつけましょう。私は東京に住みます」と告げて、彼女と正式に別れたのです。

　このことがあって、私としては一からやり直すつもりだった。振り返ってみると、その頃は何もわからず、何の力もなく、それほどたいそうでないことが何もできない人間でした。それから、遊びが始まりました。ひとりぼっちになって、草津や大津の飲み屋に出入りしたり、京大に通う従兄と祇園で夜中まで飲んだりもしました。再び私は自由人になったのです。ただその頃、「河本の末っ子は出来の悪い奴だ」という風評が広がったようです。兄が私にそう言っていましたね。

　仕事ではその頃、土建屋でアルバイトをしていた。雄琴の幽霊ビルなどの施工に、下請けの下請けで入っている会

社の社長に拾われてダンプの運転や型枠はずしなどをやっていました。それが終わって、彼女がお別れを言いに来たときは山へ入っていました。兄の砂利採取の仕事するためにね。私が23歳のときでした。その後、不動産会社を起こしたのが25歳、結婚が24歳のときですよ。

　21歳から24歳まで遊び呆けていました。山に入っていたのは1年、瀬田の滋賀医大の近く、今はびわこ学園のあるところで1年間寝起きしていました。山砂利を採取するのに県から許可をもらって仕事をしていました。

　プレハブで寂しい生活をしている中で、外に出過ぎた感があったけど、そうでないと耐えられなかった。友だちと疎遠になっていたしね。その頃、京大に行っていた従兄と、大津の関電ビル前で寿司屋をやっていた友だち、この二人がワルで、「お前寂しいやろ」と女の子がいるところに連れていってもらっていましたね。草津の新地やらで飲んでいたのが、京都の祇園に足を突っ込んだのが悪かった。

　その当時、お金はあまりいらなかった。実は、飲み屋のママが「出世払いでいいから」と可愛がってくれていたので。ほんといいママでしたよ。当時はそんな時代でした。学生なんかが酒を飲むとその店のママが社会人になるまでお金を取らなかった話などたくさんあってね。

　ほんと楽しい時間でした。でもこのとき将来的な展望は何もなかった。その日その日が楽しければ良かった。だから「青春の思い出として、何か建設的に将来を見据えて」などといったものなんてなかったのです。東京の子と別れ

て失意の中で、自分がひとりぼっちになってどうしようかと思う。一方で酒を飲んで女の子をまさぐっていました。

　その頃、自宅で火事を起こしてしまいましてね。酒を飲んで帰って、2階の部屋に上がるところでタバコの火がついた布団をパンパンとはたいて、階段に置いてそのまま寝たらしい。そうすると、夜中「ワー」と火が上って、姉がそのとき家にいたので、父親と一緒に火を消すのに往生した。ヒノキの階段が焦げていたのをはっきりと覚えていますよ。

結婚を決意

　山で仕事をして、相変わらず大津や祇園で飲んでいる生活でした。でも私自身は楽しかった。ところが、母親が「出来の悪い息子が家にいるので苦痛だ」と言っていたらしい。「お前、東京の子はアカンかったけど、もう独立して生活できるようにしろ」とね。

　父親は、「こいつは乞食にしかなれん奴だと」と期待も何もされていなかった。でもね、母親は、東京の女の子と門真にいる時に、2ヵ月に1回ぐらいは来てくれたぐらいだから、心配だったんでしょうね。今の琵琶湖ホテルの隣に大津市民会館がありますが、昔は「紺屋が関」と呼ばれて

いた。そこに親戚の安田のおばあちゃんがおられた。その人が母親に「息子はもういい歳だから結婚させ」と。母親は「自分もそのつもりやけど」と言ってその人が紹介してくれたのが今の家内でした。

これまで、見合いをしたことがなかった？　いやいや、実際は、家内の前に1回ありましたよ。遊び人という世間の悪い風評がこれ以上に拡がらないうちにと見合いをさせられたのです。相手は兵庫の宝塚の女の子で18歳でした。私が22か23歳の時。私は「いやだ」と言っていたけどね。

お父さんが砕石業の会社を経営しているという立派な方でしたね。悪い印象はなかったけれど、東京の子と別れて、この子と一緒になるという自分の思いがそこまでいかなかった。ざーっと進んでいきそうになったけど、私は「これは堪忍してくれ」と言いましたよ。指輪までも父親たちが段取りしていた。知らない間にもうそんな話にまで進んでいったようです。

相手の親も気に入っていたみたいで。兵庫の夙川でいい家に住んでおられてね、でも家と結婚するわけではないしね。まだまだ遊びの世界が恋しかったのかもしれない。

その後、あのおばあちゃんが、また私に見合い話をもってきてね。ほとぼり覚めるまでの間だから1年以上たったかな。その間遊ばしてもらいました。そうすると、また噂が出てきました。「河本の息子は遊び人や」「兄貴たちはみんな真面目なのに、なぜ弟だけが遊び人なのか」とか云々と。若い時はとんでもなく出来の悪い、「なんで河本の息

子にあんなのができたのか」と言われていた。だから「勉強できない」、「遊び好き」、「夜になったら女性と一緒におる」とか。そんな話ばかりで。

　それはさておき、24歳の時、その安田のおばあちゃんからの話で、母親に「お前、見合いしろ」と言われ、結局断り切れず京都の国際ホテルに連れて行かれ会わされました。まあ、正直言って嫌々会った感じで。これを言うと家内に失礼だから、今はすまなかったと言っていますよ。

　見合いはお昼だったけど僕は二日酔いでした。でも、彼女の話をうんうんと聞いたり、話をしている間に彼女の素直さが出て、気がきついようなのにあまり出してこない。歯車がかみ合ってきたような感じでしたね。家内に対する感じ方が変わってきたみたいで。それで喋り始めてから、何時間話をしたのか忘れたけど、その後、直ぐ2回目に会おうとなりました。結論を先に言うと、見合いが1月末で、結婚が5月7日、その間わずか4ヵ月だった。ドドドーと進んでいったのですよ。

　それまで「嫌だ嫌だ」と言っていた男が急に変わった。それは何故なのだろうか。2回目に会うときに兄貴が来たと思います。2回目どこで会ったのか……、向こうの家に行ったのか……、兄がすごく気乗りしたのを覚えていますよ。

　それで、2回目に会ったとき、親から「お前らだけで行って来い」と言われ、京都の宝が池に車で行きました。そのとき、「河本さん」と言ったか、「行雄さん」と言ったか覚

えていないけれど、家内が突然「生活はだいぶ自由なほう
なんですね」と言ってきてね。生活があまりきちっとして
いないということを、どうやらお義姉さんから聞いていた
ようでした。また「同棲しておられたのですね」とも言わ
れ、それを聞いて驚きましたよ。「えっ」と思ったけど嘘を
ついても仕方がない。「同棲もしていたし、遊びもしまし
た」。それから何も言わずその日は気持ちよく別れました。

　そうしたら、家内がお母さんに「私と結婚するような人
と違います」と言ったらしい。「断ってください」とね。後
で聞いた話だけど、この見合いとは別に、どうやら「結婚
してください」と言ってきた男性がいたみたいでした。だ
けど、私自身は雰囲気が決して悪くはなく、だんだんいい
感じになってきたので、3回目、4回目と進んでいきたいな
と思っていたのに、家内は同棲の話を聞いてガクッとした
ようでした。その場では、そんな素振りはいっさい見せな
かったけど、そしたら家に帰ってお母さんに「断ってくだ
さい」だとか。

　それでも話が続いていったのです。なぜかというと、家
内のお母さんが、「男は少々遊んでいるくらいがちょうど
いいのだ」と言ってくれたから。陰で応援してくれていた。
お母さんは私との結婚に乗り気だったそうです。

　家内のお父さんは、「なんでこんな早いこと嫁にやるん
や」と言っていたらしい。喘息を抱えて入退院していおら
れたので、娘がおらんようになったら困ると。ひとり娘で
あとは男兄弟ばかりでしたから。

私の兄らは、「この子はいい子だ」と。「うちの出来の悪い弟が遊んでいる状態をみたら、どんな女性に捉まるかわからない」と思っていたらしい。

　私としては、見合いするときにはまったくその意思がなかったのに、段々段々、彼女と会って結婚ということを真剣に考え出しました。「健康で男兄弟の中でよくやっているな。子どもも好きそうだし、何より素直だ」と。今みたいに性格がきついと思っていなかったけどね。

　この子なら、子どももしっかり育てられるだろうと。私の方がどんどん惹かれていった。結局、出会ってからひと月で結婚しようと決めたのです。3回目の出会いのときでしたね。

　私自身、恋愛と結婚は別だと考えていました。結婚するのは在日の人で家庭づくりをしてくれる人だと。その結婚観を思い出させてくれる人だったのです。

　家内のお母さんは、「そう言ってくれるのであれば、それに合わします」と言ってくれた。その後、比叡山ホテルでの式場の段取りなどはすべて兄がやってくれましたね。私はお金がありませんでしたから。

生きる糧を求めて

　結婚したときも、兄の会社に行っていました。山で仕事を
して砂利の販売をやっていましたが、結婚して、将来どう
するのかということが頭によぎり、これは何とかしなくて
はいけないと思ったのが、不動産会社を起こす原点になっ
たのです。

　山砂利の販売の仕事だけでは人間関係も増やせられない。
大津で飲み歩いていたとき、店でいろんな人間と知り合い
になり、その中に不動産屋をやっていた連中も何人かいた
ので、最初は「こんなことで商売できるんや」……とぐら
いに思っていました。

　山の仕事は兄と福田さんというパチンコ屋をやっていた
方と二人で作った会社で、給料も安く、自由がきくわけで
もなく、それに兄から300万円の借財もありましたから（こ
れは父親が払ってくれたと後で知りましたが）。これから兄
の下でずっと働いていくのもたいへんだなと思えて、「これ
では駄目や、何かやらんと」と思った。そこに不動産屋と
いうものがチカチカしてきたのです。

　そう思いつつ、世間を見渡してみると、「これやったら自
分でもできるかもしれん」と考えたのです。なぜかという
と、砂利採取している時、法務局など土地に関するところ
は結構出入りしていて、それなりに関わっていましたから。

でも、やったことがない。ただ、友人の不動産屋がやっているのを見たら、「決してやれんことはないわ。いや絶対やらなアカン」とね。

　そう思っている最中に腰の持病が出てきました。椎間板ヘルニアに似た腰痛「すべり症」というのがあって、それにかかり、山で重機に乗ったりするのができなくなったのです。それで九州熊本の阿蘇のふもとの「地獄温泉」という温泉があるのですが、その近くで電気屋をやっている親戚のおじさんがいて、その家に結婚して長男が生まれるまさにその時期に2〜3週間お世話になりました。いわば湯治ですよね。

　長男が生まれてから大津に帰ってきましたが、そこで責任感が「ワー」と出てきましたよ。この時、自分なりにけじめがつきましたね。長男が2月に生まれて、5月に不動産会社を作り、事務所を開いたのです。

　大津の関電ビルの前に、滋賀県などの仕事をやっていた山九不動産会社があって、そこが所有していた建物を借りて事務所にしました。まあ、とってつけたような感じでしたね。

　起業するとき、兄に言った言葉があります。「兄貴、前に失敗したことがあって、今僕は籠の鳥ですよ。だけどね、籠の鳥も傷が深い時は、黙って生きながらえるやろうけど、羽が自由になってきたら、飛び立ちたいもんで、何かそんな気持ちがするんや」と。そう話したら、兄は「やれや！」

と。それで、兄が応援してくれて滋賀商銀という銀行で6千万円ほど借りてくれて、野洲に土地を買ったのが最初の不動産の仕事でした。だけど、ちょうどオイルショックの真っ最中だったので、土地を買ったからと言って、直ぐに売れて儲かるわけではありませんでしたね。

　しかし、私が買いたいと思った土地だからと我慢し、しばらく売れないで困ったけど、何とか飯を食わないと、という強い気持ちで、不動産の仕事を頑張ってやろうと決心していました。

　今、振り返るとやっぱり結婚が大きな人生の転機でしたね。先のことを考えていないチャランポランな落ちこぼれの若者が、見合いをして結婚しようと本気で考え、そして子どもができて、自力で生きる糧を求めて行動しなければと決意した。人生で初めて「志」を立てたということです。妻と出会わなかったら、当分遊び呆けていたかもしれませんね。起業もしていなかったでしょう。

第4章

青年期

経済活動

不動産事業 ― 順調なすべり出し～バブル崩壊

〈現家処分で成功〉

　積水ハウスの事務所が関電ビルの近くに、ちょうど今の「リンクスビル」、昔は「ダイオウビル」と言っていましたが、そこに入っていました。会社からも近いところでした。その積水ハウスの大津営業所に、私が尾花川に住んでいたときの先輩とか、長等小学校で一緒だった同級生が勤務していました。関電ビルの前に寿司屋やラーメン屋、焼き鳥屋があって、そこに食事や飲みに来ていたその先輩や同級生に、話をして頼み込んだりもしていました。それと兄の友だちが大倉産業という不動産会社にいて、ミサワホームの滋賀県エリアの仕事もやっていたので、びわこ銀行に勤めていた兄の同級生を通じて、ミサワホームにも声をかけてもらったりもしました。

　その時、「ミサワホームというハウスメーカーは新築を売るけど、買い手のお客さんには今住んでいる住宅があるはずだ」。こうピンと閃いたのです。当時、大津市の瀬田駅前が大きく開発されていてね、ローズエデンという名前でした。大阪のある建売業者が、瀬田の一里山で分譲をやり始めていた頃のこと、以前、山の仕事で土を入れたりしてい

たので知っていたのです。

　そこで「あなたのところの中古物件の仲介をさせてくれないか」と頼んだらOKしてくれました。その後、面白いほど現家処分（現存家屋処分）をさせてもらいましたよ。手数料をもらうのですが、そのうち、実績をあげるのでハウスメーカーもやってくれということになって、積水ハウスなどは「手数料をもらってくれ。売ってくれたら年間表彰で礼金を出す」などと言ってきたしね。もう凄かったですよ。

　そうすると2年か3年後の決算では、4千万円ほどの利益が出ました。その時、社員は3〜4人いましたね。その社員たちに車をあてがって、彦根から京都の長岡京まで必死に営業をしていました。借金もなく、その頃には最初に買った野洲の土地も売れていましたから。

　社名ですか？　株式会社三王です。これは兄がつけたのですが、この意味は、『世界を構成する要素は、海と陸と空、宇宙はこの総称である。このトップにならないとだめだ』と。その頃、社長は兄で、私は常務でした。大津市坂本や東京の山王などは有名ですが、その山王とはまったく違いますよ。三つの王様の三王。この名前はまずないでしょう。会社名の謂われをよく尋ねられます。兄はロマンチストでしたから。

　25歳から始めた会社も順調に発展し、27歳で大津JC（大津青年会議所）に入りました。その頃、2人目の子どもが生まれて、祇園に遊びにいくことなども以前より少なくなっ

て。それでも、まあ今ほどおとなしいことはなかったけどね。生活の基本が変わったのでしょう。家内にも気兼ねするし、社員も増えていましたから。

ところで、1990年にバブル経済がピークを迎え、その翌年にバブルが崩壊します。私が43歳の時でした。バブルは自分がやりたくてやったわけではなく、そういう流れになってしまっていましたね。銀行の役員までが会社に来て、「君、うちと取引きしても金を使っていないらしいね、なぜ使わないのか」と怒られたりしました。ほんとそんな時代でした。

バブルの最盛期、1988年に開催されたソウルオリンピックぐらいまでは、私の会社も順調でした。もっとも、少しずつ落ちてはきていましたよ。なぜなら1980年頃に、あれだけ協力的だった積水ハウスが、積和不動産という関連会社を作って、手数料は分かれ（不動産の制度）となり、「これは何とかしなあかん」と危機感を持って、不動産では事業の間口を広げて宅地開発をやり始めた。少しぐらいのお金なら銀行も貸してくれたのでね。そこから、3軒、5軒、最大10軒ぐらいの分譲住宅までやっていました。試行錯誤しながらでしたが。

オイルショックがあった1973年に会社がスタートして、80年くらいまでは順調でした。

1979年の第2次オイルショックもあまり影響ありませんでした。これは私たちが中古住宅をやっていたおかげです。

当時、中古住宅をやっているところが少なかった。草津の三光不動産や、京都の安藤不動産など数えるほどしかありませんでしたからね。

　元々あった不動産会社は、そんな中古住宅のビジネスはしませんでした。若い者を使って、車に乗って、中古の住宅を処分するような機動力を使った事業に目を付けたのは、私が最初でしたから。それまでは自転車に乗ったおじいちゃんが多かった。近くの住宅を扱う仕事をしている人がほとんどでした。

　私たちは大手ではないけど、「不動産屋は機動力」と言われたのはこの頃からですね。けれど大手が来たら負ける可能性が高いから「何とかしないと」という考えは常に持っていましたよ。

〈ダイエープロジェクトと夏原平次郎さんとの紆余曲折〉

　バブルの前の4〜5年は非常に順調でした。そこからの付け足しのエピソードを話しますね。25歳でスタートして、73年から83年までの約10年間、中古やらしてもらって、積和不動産が出来るまではオンの字で、出来てからは分譲住宅等、不動産の多角化というものをやり出してたいへん良かった。

　その後、大手がかなり入ってくるようになりましたね。1985年くらいでしょうか、三井や三菱の不動産部門とかいろいろありました。

　1983年までのエピソードですが、僕の同級生が家を買う

のに、奥さんが物件を見たいと調べていました。その物件の紹介で僕の会社の名前が出たらしく、事務所に電話がかかってきて、会社に来ることになりました。

　ところが、実際に来たのだけど、中に入れずに「不動産屋の事務所は怖い」という感じで、よう入らなかったというエピソードがあるんですよ。その女性は大津市民病院の看護師さんでした。

　当時、不動産会社というのは社会的信用が薄かった。私はそれもあって、機動力を持った若い連中で、イメージを変えていこうと必死でした。宅建協会でも努力すべきなどと発言したりしていましたが、だんだん状況が良くなってきて、大手が参入するようになってきたのが、1985年くらいでした。

　今でこそ、大手が不動産仲介をバンバンやっていますが、それまでは参入してこなかった。都会でマンションを建てるとかはするけど、地方の不動産はね、あまり魅力がなかったのでしょう。そこに私たちの活路があった。ところがそこに大手が入ってくることでしのぎ合いが始まるのです。

　大手も利益競争が激しく、自分のところに吸収しようとするチキンレースが始まっていました。ソウルオリンピックがあった1988年頃には、すぐバブルに入っていき、不動産業界の激動期でしたね。

　その中で悲喜こもごもあって、会社は中ノ庄から国道1号線沿いの梅林二丁目に移り、バブルの真っ最中にここ柳が崎に移ってきたのです。まあ、それが宿命だったのかも

しれませんね。

　1991年を境にして、業績がドーンと落ちた。私の会社としては一番大きな逆境でした。その逆境を乗り越えられた一つの要因がダイエーとの関係です。平成になる前（1988年）、スーパーダイエーがテナントとして堅田に出店するとき、私の会社が持っていた倉庫を貸した。それがきっかけでダイエーが滋賀県に出たいと言ってきた。「平和堂の夏原さんとの話があって、なかなか上手くいかない。だけどオーナーの中内さんは滋賀県に出せと言っている。どこかありませんか」といった話でした。

　その時に、「今僕は、彦根でパチンコ屋やっているけど、その周辺の土地が2万坪くらいあるかな、いっぱい空いていますよ」。そうしたら、「一度見せてほしい」と言ってきましたね。

　その話は平成元年の頃。その時の平和堂の会長が夏原平治郎さんで、彦根の商調協（商業活動調整協議会）会長や商工会議所会頭をされていた。そこに乗り込んで行って、「ダイエーが出たいと言っている」と話をしました。そしたら夏原さんは「河本くん、お前いったい何を考えてるねん」と言ってきましたよ。「ここの土地は『鳩』にするのに決まってるやないか」と。

　その当時、滋賀県はどこ行っても『鳩』のマークしかありませんでした。私は「ダイエーに了解してもらっています。中内さんに嘘をつけません」とね。そうすると夏原さ

んは、「うちに貸せとか、うちに売れ」と言ってきました。実は、私は25歳の時、さかのぼること15年程、あの人にひどい目に遭わされているのです。栗東の今の浅野運輸倉庫の一画にある土地で、その頃、高山観光という会社がボウリング場をやっていて、幸福銀行から「平和堂がここを欲しいと言っているからちょっと行って話をしてくれ」と言ってきました。

　それで私は4回も夏原さんに会いに行きましたよ。いわく付きの土地でね。国道側の表の土地は兄が買って、サウナとレストランとパチンコをやるとのことでした。

　その裏の土地をどうするのか、銀行は「平和堂には話ができている、夏原さんは7億2千万円で了解してくれている」との話だったのです。それでルンルン気分で彦根に行きましたよ。私が25歳のときでしたから、夏原さんは「このぼんち、何しにきたんか」という感じでしたね。そうしたら夏原さんは「河本さん、実はね、悪いけどちょっと事情があって、6億5千万円やったらどうだろう」という話になって、持って帰った。

　そしたら、高山観光の社長にえらい怒られて。「この話はやめだ」ということになって。その後また何ヵ月かしたら高山社長から「その金額でいいから売ってくれ」と言われ、またルンルン気分で行ったら、夏原さんが「すまんへん、河本さん、今他で別の話が出とるんやけど、これ6億1千万やったら」と。帰ってきて、その話をしたら、社長はもうカンカンになって怒ってしまってね。私ももういいか

なと思っていたけど。また銀行から言われて、「高山さんが嫌がっているのに僕も嫌ですよ」と言ったのです。

　それでも何とか銀行の頼みを聞いて、また夏原さんに会いに行き、今度は勝負がかかっているからと「ところで栗東の出店の話はどうなりました？」と訊いたところ、「いや話は決まってないけど、わしも立場があるのでな、あの土地、5億6千万円やったらなぁ」と。それで私はプチンと切れて「ありがとうございました」ともう怒りを心に収めて、泣きながら帰ってきました。「なんというおっさんや」と。でもね、その時、夏原さんは近江商人の鏡だと思いましたよ。

　その際、平和堂の本部で見た光景があって、4階にあった会長の部屋に向かうと大きな声が聞こえてきた。たぶん総務部長だったと思うけど、その人に向けてめちゃくちゃ怒っていました。「え、夏原さんって、こんなに怒る人か」と。その最中に女性の社員に案内されて入っていくと、こっちに向いた瞬間、「にこー」と笑って、「いらっしゃい、待ってました。ええ答えを持って来てくれましたか」。ほんと凄い人だ。

　結局、それ以上に話は進まず、二度と行くことはありませんでしたね。だけど、あの人の人間性をしっかり見せて頂きました。後で聞いた話ですが、滋賀県「三ケチ」というのがいたそうで、それが平和堂の夏原平治郎、滋賀交通の田畑太三郎、それにもうひとりいると。成功者へのやっかみなんでしょうが。

夏原さんが「飯をおごったる」と言ったら、たいていうどん屋へ行くらしい。不動産屋の連中も、夏原さんにはきつねうどんと丼をよばれたらしい。それくらい始末屋で贅沢する人とは違う。子息の夏原平和氏にもそのことをきっちり言っておられたらしい。

　僕は、「あれだけのし上がってこれた人、田畑さんだって、西武の堤さんから退職のときにバス一台もらってのし上がった人。やっぱりあの時代の人は根本が違う。まだまだ甘いな、でもマネはできないな」と。そのことが私にとって大いに勉強にはなりましたね。

　夏原平治郎さんには、食事をおごってもらったことはないけど、あの人は私のことをよく覚えておられました。ある時、東京からの帰り、新幹線のグリーン車の中でばったり出会った。長いこと会っていなかったのに。30代から40代のときで、在日韓国民団中央本部で会議があって東京に行った帰りの時だったかな。いろいろあったから夏原平治郎さんはあまりに好きになれない。横向いてしゃべりもしなかった。向こうも怪訝そうな顔をしておられましたが。

　でもね、夏原さんには、今も強い印象が残っていて、とてもいい思い出ですよ。まあ、その後に、その仇を彦根で返すということになるのですが。

　話を元に戻すとダイエーが平和堂の地元に出店することになって、それに関わるようになったのです。夏原さんには、「世間の人は、滋賀に『鳩』マーク以外の店を望んでい

るし、価格競争することが消費者のためになる」と言ったら、カッカきておられたのだろうけど、ニコっと笑っておられましたよ。私としては夏原さんに借りを返したつもりでした。「やったった」とね。ほんと溜飲が下がりましたね。

　ダイエーとの取引がうまく進み、この件で平和堂に対して「江戸の仇を長崎で取る」ような気分になったのですが、ダイエーの経営がうまくいかなくなり、７年営業したものの閉店してしまいました。「この後のテナントは平和堂でもいいか」と、平和堂の本社に出向き話したところ、「いや、もう間に合っているよ」と言われましたね。以前はあれほど「頼むわ」と言っていたのに。

　当時夏原社長は、「ダイエーが来るのなら……」と、元協同組合があったところを整理して、「ビバシティ」という名前を付けた店舗をオープンしていたのです。結局、ダイエーとの契約が円満に解消し、代わりのテナントも入り、ダイエーとの関係は完全に終わりました。

　ダイエーは、きちんと補償してくれて、後腐れなく気持ちよく終わりましたね。

バブルの後始末

　私の会社がバブルの傷が癒えた理由の、もうひとつはパチンコでしたね。パチンコは昭和61年から彦根と野洲で2店舗やっていました。ダイエーとの契約はオープンしないと賃料はくれない。が、その時ダイエーには「土地を買っ

た後にオープンまでお金をくれないのなら私のところはもたない」と直談判したら、6億円のお金を持ってきてくれた。その金を北陸に持っていって、パチンコの店舗を増築し、それが流行ったから助かりました。

　ダイエーは7年間、営業を続けていて彦根は支障がなかったが、だんだん日本全国の成績が悪くなって、当時の常務に、「バブルの時に私は高い土地を買い増しして、ダイエーさんに貸すのだから、しかもあなたの会社390店舗あっても、私の会社はあなたとしか取引きしていない。390分の1と1分の1を同じようにしてくれるな」と伝えました。「我が社も業績が悪くなっており、1件1件交渉をせねばならず、お金が枯渇するかもしれない」と話していたが、常務は約束をしっかり守ってくれた。このようにダイエープロジェクトとパチンコで生き延びてきた。ダイエーはたいへん紳士的に対応してくれたのです。

　あのバブルはすさまじい時代でした。バブルに踊ったわけではないけれど、銀行も土地を買っておかないと無くなってしまうといったことを言ってきたので、こちらも人情としてそれに乗っかってしまうというか。

　私は、その時、社員に転売はだめだと言っていた。社員の中には「なぜだめなのか、他の会社は転売して儲けているではないか」と文句を言ってきたが、私は「いや、社会的信用に関わるのだ」と説得していましたよ。

　そんな時代を乗り越えるのはほんとたいへんだった。それはなるべくしてなったもので、私は、副業をやっていな

かったらたぶんそこで終わっていたでしょう。

　この10年の間に立ち直って、不動産の賃貸業に回帰するようになった。元の姿に戻ってきました。10年前、100億以上の債務処理があったのが終わってくる。それとパチンコ業も売却し、借金差引きして、本来の姿に戻ってきています。

　バブルが崩壊して、私が苦難に見舞われたときの心の内を示すエピソードを紹介しましょう。この本社ビルを建てているときの話です。その当時、私は精神的に進退極まっているときでした。その時、いいかっこして、ＪＲ大津駅近く梅林にあった本社をここ柳が崎に移転し、自宅も建設することになった。平成2年の春のこと。ちょうど、橋本龍太郎大蔵大臣の総量規制が発令された頃ですね。銀行がお金を出さないようになってきたときでした。

　その当時、私はこの現場を見に来るのが嫌で、建ててる最中も一回も行かなかった。そのさなか、浜大津の再開発が準備組合から本組合になって、その時にパーティーがあった。私はその組合の監事をやっていたので招待状が来ていた。だけど私は行くことができなかったのです。その時、大津市の山田豊三郎市長は、私が「進退極まっている」ことを杉山さんという秘書課の方を通じて知っておられた。来ないものだから心配されていたそうです。そのとき家内は、私が「行かへん」とモジモジしているものだから、後ろからボーンと足で蹴って「行きなはれ」と言って、服を着せ

られました。

　家内は、後でそろっと見に来たらしいけど、私は顔面蒼白で、市長に「やっぱり体調悪そうやな」と言われたのをはっきりと覚えています。当時の大蔵省銀行局長は滋賀県出身の西村吉正さんというたいへん優秀な人でしたよ。銀行に「お前のところを潰したる」と言われたことなど、懐かしいですね。

　今日の三王グループで、私は３つの会社の社長をやっています。

　私の子どもらには、「私の会社は、将来家内を経由し、君らにバトンタッチして孫の代まで渡せよ」と言ってあります。「お百姓さんが『土地は預かりものだ』というように、会社は預かりものなのだ。君らが、これを自分たちの代で担保入っていないから売るとか、金を借りるとかいっさいしてはだめだ」とも。だけど、孫がどうするのか、これはどうしようもないですね。「渡来人の足跡は、私から始まって、息子、孫の代まで、或いは私の父親から二世、三世までが渡来人として、その影響力を受けて生きてくれたらそれでいい」と思っています。ただ孫までは拘束できないですね。

　会社が経済的に苦境に追い込まれて、きれい事を言ってられないようになったら困るので、（私自身は苦労もいろいろしたけれども）、たぶん子どもや孫の代までは、アクシデントのない生き方、生活の糧は得られるだろうと思うから、無茶をするなと言っていますよ。25歳から75歳の50

年の間には、平和堂の夏原平次郎さんから始まって、ほんと、いろんなことがありました。

パチンコ事業 ― 森商事のこと

　森商事という会社の森虎雄社長に助けてもらったことも忘れられません。パチンコ店の経営を始めたときの話です。

　新築住宅を売るハウスメーカーに行って客を紹介してもらい、現家処分、つまり今住んでいる家を売るお手伝いをさせてもらう仕事ですね、これで細々と繋いできました。それが1973年から83年のことです。

　開業から、10年くらいたった後、彦根に土地が出てきて名古屋の友人に売るつもりが、彦根のパチンコ屋の大御所に睨まれて売るわけにいかず、自分がパチンコ屋をやる判断をしたのです。このとき、銀行は金を貸してくれなかったけど、みずほ銀行の子会社の東京リースという会社の部長と親しかったので、出店に必要な金額を貸してくれた。それでパチンコ店をオープンさせたのです。

　ここは1500坪ほどの広さでしたが、地権者が多くたいへん難しい土地でした。それを森商事の森社長という方が地権者と話し合いまとめられたのです。森社長の人徳があればこそできた土地ですね。

　私は、ある銀行の支店長の紹介で、この森商事の社長に会いに行きました。社長はたいへんおっとりとした人物で、自

分から話を切り出していくような人ではなかったけど、何か私と気が合ったんですね。その銀行に「この土地を買うとしたら、銀行は金を貸してくれるのか」と聞いたら、貸してくれるとは言わず、「リースで借りればどうか」と言っていましたね。その頃は、パチンコ店を開くとき、市中銀行は金を貸してはならない時代だったのです。

　たいへんいい土地だから買いたいと思っていたところ、滋賀県でパチンコ店を経営する石原産業の石原社長にわかってしまいました。石原社長は兄の友人でしたから、それから1週間毎日、兄のところに電話を入れてきたのです。そのとき、兄の奥さんが辟易としながら、「行雄ちゃん、何なの、どないなってるの？」と聞いてきましたよ。「『あなたのご主人が、彦根でパチンコするために土地を買った』と石原さんが仰るんだけど、主人は『そんな土地買っていない』と言うしね」。

　兄は、石原社長に「弟が勝手にやっているだけだ」と話すと、社長は「それはおかしい。君の弟がパチンコなどできるわけはない」と反撃してきたらしい。パチンコをやるのはそんなに簡単ではない。その当時でも10億円以上の投資が必要でしたからね。

　兄に対して、石原さんがあまりにも「やめてくれ」というものだから、私は石原社長の家に行ったのです。面と向かって「私がやります」と話したら、石原社長は、「そうか、わかった」と。どうやら、その土地の200m先にパチンコに適した土地があって、石原社長がそこで店を開くのだと。

社長は「競争しようか」と言っていましたね。返す刀で石原社長は、森商事の社長のところへ行って、「河本の買う値段に1億円上乗せするから、俺に売ってくれ」と言っていたらしいのです。

　すると、森商事の社長は、銀行の支店長に「私は河本社長にあの土地を売ると約束したから」と、石原社長の申し出を断ったと聞きました。そしてその後、森商事の社長と私は、スムーズに取引ができました。森社長は一度約束したら、他にどんないい条件を示されたとしても、必ずその約束を守る人物でした。

　それから、パチンコ店をやるというものの、私は経験がないから、兄の店の番頭をやっていた人に店長になってもらいました。その頃には、兄も石原さんからはもう何も言われなかったそうですから。そして、管理しやすいようにと、兄が経営していた店と同じような設計の建物を建てて、家内の弟にも協力してもらい、社員を募ってオープンしたのが私のパチンコ業の始まりでしたね。昭和61年（1986年）のことでした。

　森商事の社長は、畜産の元締めですね。近江牛の子牛を買うのか借りるのか知らないけど、それを育てて千成亭などのお店に出すのです。実は、パチンコ店を開業するこの土地について、以前関わったことがあったけど、なかなかうまくいかなかった。それを森社長は50人もの地権者をきれいにまとめられ、取引ができたのですよ。そこから、ダイエー用の土地としてつながっていくのです。ダイエー用

地の一画がすべて森社長の口利きで、2万坪の土地のうち8,000坪ほどを買って、残り12,000坪は借地でしたが、これもうまく取引ができました。森社長にすべて仕上げて頂いたのです。

森社長との出会いは、私が37歳の時で、森社長が還暦ほどの年齢だったと思います。森商事とは、パチンコ用地から始まってダイエーがオープンする平成7年まで。そしてそのときから今日まで関係が続くのです。私は、森社長を見て「こんな人がいるんだ」と思いましたね。

森社長には今でも足を向けて寝られないという思いですね。

ゴルフ場開発 ── 地元協力金で逮捕される

ここからゴルフ場の話をしましょう。

不動産の仕事と並行して、昭和62年頃からゴルフ場の開発に関わっていくのですが。ここから直ぐバブルになったのです。このゴルフ場の話は当時、「北陸にこんな土地がある」とある不動産ブローカーと鑑定士から話が持ち込まれました。

ゴルフ場は、買収の目途がついていて地元対策などを行っていた時期で、私はそれを買い取って経営するだけでした。事業規模は約130億円。友人の会社との協同経営のため「フレンドコーポレーション」という名前を付けました。そこに、住友銀行の河原町支店の支店長がこの話を聞

き付け、「うちの銀行を使ってくれないか。イトマンの河村社長にぜひ会ってほしい」と言ってきた。その頃、イトマンはバリバリやっていましたね。ゴルフ場の案件もかなりあったようでしたから。

　でも、私は結局河村さんとは会いませんでした。なぜなら、私の友人が日本長期信用銀行の子会社で日本ランディックという不動産の開発会社にいて、そこで借りることになったからです。因みにこの会社は千昌夫に1700億円を貸していました。当初は河村社長のイトマンから借りることにしていたのが、「イトマンは止めておけ」という神の声が聞こえてきたのです。結果的にそれが良かった。
「日本ランディック」もご多分に漏れず、バブル崩壊のあおりを受け、融資を引き上げることになり、許可をすでに得ていたこのゴルフ場の権利を平成4年（1992年）に横浜のタクシー会社に売却したのですよ。よく買ってくれましたね。

　ここはゴルフ場を2箇所、タクシー会社とプロパンガスの販売会社を経営していて、また、サラ金にも30億円貸し込んでいたという噂でした。私も会っていろいろ話をしましたが、たいへん面白い社長さんでしたよ。
　結局、ゴルフ場を売却したことによって、「フレンドコーポレーション」はそれなりの利益が得ることができたのです。そのことを聞きつけたのかどうかわからないけど、地元の町議会の元議長が、地元代表ということでやって来て、

「地元に挨拶がない、どうしてくれる」と言ってきたのです。それで、地元協力金を渡しました。

　ゴルフ場は横浜のタクシー会社に売却しましたが、その会社が会員募集したが売れず、その後また違う会社に売ったようですね。

　ゴルフ場に関してはそれですべて終わった。平成4年から5年のことです。ところが、その後、ある地元の人から電話がかかってきて、「座り込みをする。むしろ旗を立ててやる」という。「なんでや」と聞いたら、「金をもらってない」からだと。「これから工事が始まるから、そのような地元への協力金や復興策なんかはこれから話が出ると思う」と答えると、「いや、しない。前任者がどうのこうの」と言ってきました。「こちらへ来い」と言われ、その地元に向かい、そこで議員に渡した金が賄賂ということになったのです。地元の代表者ということで領収書ももらっていたけれど、結局警察に逮捕されたのです。

　実際、これは、そのストーリーが面白いのではなくて、私が四十数日拘束されていた間にあった出来事が面白いのです。てんまつを話すと、聞く方には面白いらしくて、興味津々で話をせがまれるのですが、それでは紙幅が足りなくなってしまうので、さわりの一部だけお話ししますね。

　実は、ゴルフ場については、平成5年にスムーズに終わっていました。そして平成7年から9年までが裁判でしたね。拘束に至るまでの過程で関わった議員たちがいて、今も私

は息子たちに「バッジをはめている人間には注意せよ」と言っていますよ。

　不思議なことがあって、石川県警に留置されているのに、1カ月間、滋賀県警のやり手がべったりと付いていました。

　石川県警と滋賀県警が両方でやるのだと。その時面白かったのは、私らを逮捕したことによって、石川県警は、捕まえたときに300万、起訴されたときに300万、盆と正月が一緒に来たみたいに、警察庁長官から報奨金をもらったようです。警察内にこんな制度があるんだと驚きましたね。検事は検事で、また面白い話がありましたね。

　まあ、私は今までこのような所に入ったことはないし、金沢まで連れて行かれて、43日間留置場にずっといましたが、待遇はけっこう良かったですよ。留置場の中では留置担当官に酷いことはあまり言われなかった。「社長！」とか、「不動産のことを教えてくれ！」とか、言葉がていねいでしたね。そこには、「やくざ」など20人以上が入っていました。若い子が1日2日入ってきて一緒にいたけど、ほとんどは独房でしたね。43日間入った後、保釈だと聞かされ、着替えをしてその準備をしていると拘置所経由だと言われ行かされました。7日間でした。

　それが「地獄の特訓」の場所で、えげつないところでしたね。この時「田中角栄はよくもったなぁ」と思いましたよ。

　留置場では、出前もやってくれるし、「社長」「先生」と呼ばれたりしてたいへん大事にしてくれました。捜査が長

くなると、留置管理課の課長が「いつまでやっているんだ。人権侵害じゃないか」と言ってくれるほどでしたからね。私は風呂が長いけど、それも受け入れてくれてね。もっともあまりにも長すぎてクレームがついたこともありました。

　留置場を出る時に課長にあいさつをしたのですが、「お世話になりました。ここにいる皆さんの人柄も良く、私自身、たいへん勉強になりました。また遊びに来ます」と言ったところ、課長は「こんなところ、二度と来るもんじゃない。そんなこと言う奴は初めてだ」とあきれて言い返されましたよ。

　ところが、拘置所に着くやいなや四つん這いにされて、「お尻の穴になにか隠していないか」とさぐられ人格を完全に否定されたような気持ちになりました。私は当初、留置場と拘置所とはほぼ同じ待遇だと思っていたのが全く違っていましたね。拘置所の看守は名前ではなく番号で呼ぶし、小学校にあるクラス名を書いたような札を倒してでしか、ものを言うことができない。

　拘置所の風呂もひどかった。垢がたまっていて、それはまるでチーズが上に乗っているような汚さ。前にいたおじさんは鼻歌を歌っていたので、そう思って入ったら、「うわ〜」と思わず叫びました。畳半畳ほどの風呂桶にはそれはそれは見事な垢と石鹸が溜まっていたのですよ。それから拘置所にいる1週間、二度と風呂に入らなかった。

　まあ、ゴルフ場はそんな事件があったけど、そのような解決方法でしたよ。ダイエーもそうでしたが、私にとって

はいずれも決して悪い解決ではなかったのです。私の処遇は別として。

住宅地開発事業 ── 10年がかりでやり遂げる

2000年に完成した栗東のレークヒルズと名付けた、金額で40億円近く、時間的には十数年かかった不動産開発の話をしましょう。

160区画（約2万坪）の分譲地です。ここは、市街化調整区域の保安林で誰も手が付けられない。保安林解除に動こうとしたが、周りの誰も動かない。京阪電鉄が持っていた土地だったけどたいへん難しかった。

その頃、名神高速の大津から栗東あたりまでを6車線にする計画がありました。栗東インターチェンジの出口の手前に競馬関係者の家がいっぱいあったのですが、その代替地を何とかしたいからと、栗東市の部長が話に来られた。どうするか思案した結果、やろうということになりました。しかし、保安林解除は簡単なことではない。無理かと思っていたとき、たまたま親しいJC時代の東京の友人が議員を通じて中央に話をつないでくれた。無理筋ではないと県の許可もおりて、これもいろいろ苦労があったもののうまくいきました。

また、真野でも、JR小野駅の近くでしたが、開発をやりましたね。第一勧銀からの依頼で10億ほどの金を借り土地を買ったけど、虫食い状態になってしまって。それから総

量規制によってお金が出されなくなり、しばらく塩漬けになっていた。

　この件で、最初銀行は反りくり返ってどうするのかと言ってきたけど、その後に「あなたのところが、やれやれ！と言ってきたではないか。塩漬けになったといっても土地をくれるわけはない。こちらは自社買収しているのだ。歯抜けになったからと言って、私の会社に責任を押し付けてどうするつもりなのか」と言ってやりましたよ。そうしたら、謝りにきましたよ。

　後に不良債権などはなくなっていたので自社でお金を準備し、最終的には歯抜けの土地をきれいに仕上げて、敷島住宅に分譲地として売却しました。この真野の15億かかった土地も結局は大きな損をしていません。つまりは開発がらみの事業は失敗せず、ほとんどうまく処理できたのです。

　会社の年表を見て下さい。バブルの転売のことです。当時、銀行の支店長がいっぱい土地を売りにきたのですよ。支店長が不動産屋の営業マンのようにして土地売買の話を持ってきた。銀行からの紹介なら、聞く耳を持つでしょう。支店長もここぞとばかり売りつけてきましたよ。この図の「銀行紹介あり」というのが、いちばん程度が悪かったね。実際、バブルの転売がなければ傷はもっと浅かったのに。

　レークヒルズに関する話に戻ります。2006年のことですが、その頃私はときどきテレビに出ていました。朝鮮半島問題を論じるテレビ朝日の番組で映画監督の山本晋也さん

などが出ていました。滋賀県信用農業組合連合会の本部に行った時など、役員から声を掛けられてね。「河本さん、最近よくテレビに出ておられますね」と嫌味たらしく言われ、「それはどういう意味か？」と問いかけて「テレビに出るヒマがあったら、もっと一生懸命仕事して、早よう金を返せということか」と言い返しましたよ。

　銀行ではよく、「滋賀県の不動産屋で、私の会社のようにきちんとやってくれているところはあるのか？」と尋ねていました。私は金利も10年以上しっかり払い続けていたので、そうすると金融機関は「ない！」と答えていましたね。

　事業を精一杯やってきて、だめなものはだめで仕方がない。バブルの時の損は損として、開発のプロジェクトの差引きは差引きとして。またダイエーはダイエーの事業、パチンコはパチンコの事業として別ものでしたから。そんなふうに会社経営を行ってきたのです。

社会活動

　この時期、経済活動と並行して、社会活動にも携わり始めました。これが後に私の生き方に大きな影響を与えることになるのです。

社団法人大津青年会議所（大津JC）

　27歳の頃に大津JC（大津青年会議所）に入りました。そのきっかけはゴルフを覚えたからなのです。ゴルフで人付き合いが増えてきましてね。真剣にシングルになろうと思っていましたよ。

　西武百貨店の手前にゴルフ練習場があってよく通いましたよ。ゴルフ場へはどれほど行ったでしょうか。そうしたら父親に怒られましてね。「遊び呆けておる、ちょっと独立したからといい気になっとる」とね。私自身は自重しないとだめだと思いながらも、ゴルフをやりかけるとなかなかコントロールができないものです。

　飲むのとゴルフは止められない。結局シングルは無理でしたけどね。あと1年くらいのめり込んでいたら、もしかしたらシングルになれたかもしれないけど。ゴルフが好きだったから話をしていると楽しいし、人の輪も拡がっていく。そんな中で国華荘（今の「びわ湖花街道」）の会長の佐藤良治さんとゴルフショップで一緒になって。私の名前も知ってくれていていました。「河本くん、JCというのがあってな。ゴルフが好きな連中が多い。どうや入らないか？」と誘われたのです。その時は「いやいや、JC入ってまでゴルフとは思っていません」と言いましたが。

　私は、「在日韓国人はJCに入れないものだ」と思っていました。その頃、在日の谷口健一さんという方がJCに入っていましたが、在日韓国人でJCに入れたのは大津で谷口さ

んが初めてでしたね。谷口さんがJCの理事長選挙に出るか出ないかというそんな時代でした。

　入ること自体はそんなに難しい話ではなかったので、ゴルフのこともあって、結局JCに入ったのです。谷口さんからは「在日では君と私の二人なので、頑張ってな」と言われました。

　しばらくは真面目に会合に出ていましたが、それほど熱心でもなかった。ところが30歳のとき、「日本JCに出向せよ」と命じられたのです。日本JCの中に「指導力開発委員会」と「社会開発委員会」という委員会があって、このうち「指導力開発委員会」からは日本の名だたる人が出ています。自民党の議員も数多くいますね。麻生太郎さんなんかはJCの権化のような方で、息子さんも会頭になられましたね。その「指導力開発委員会」への出向です。

　そのように言われ、活動を始め出すと、大津をはじめあちこちの若い人たちとの人脈が拡がっていく。JCは派閥もあったけど活力もありました。JCの会合が終わったら夜の街に繰り出していろんな話もしましたね。

　当時、大津JCの会員が200人ほどいました。僕は在日韓国人だったから、そのトップになる気持ちはさらさらなかった。谷口さんは出るつもりだったらしいけど、選挙に出ると言ったら、結局つぶされたと言っていましたね。当時、在日韓国人がJCの理事長になることについて、日本JCの中には国籍条項のようなものがあったかもしれないけれど、大津JCにはなかった。これは日本JCが決めるのではな

く、各地域のJC（LOM）で決めるものだと。だけど、元々はアメリカから出発した多文化共生の考え方に則った組織なのに、そこに国籍云々というのはおかしいと思っていましたね。

　この頃、私はJCのことをほんと好きになっていました。30歳を超えて、日本JCに行って、たくさんの人と出会い、それこそ「生きる意味は何か」など、いろいろなことを教えてもらいましたね。

　例えば、「指導力開発委員会」の中に、北海道の土屋ホームの社長がおられ、「こんな人がいるのか」と思いましたよ。この方を訪ねたことがありましたが、1日の動きを見てびっくりしました。朝5時に起きて、歯磨きしながらテープレコーダーを聴いて勉強していたエピソードなど。委員会があるたびに東京に出向いたり、時には地方都市で開催されたり、その度に数多くの人たちから学びましたね。

　私は、30歳くらいからJCにかぶれて、それから真面目なことを言うようになったと言われています。滋賀県庁におられた深井俊秀さん、現在近江渡来人倶楽部の副代表ですが、と知り合ったのもこの頃でした。

　私が大津JCの理事長になったのは36歳ですが、それまで日本JCのLOMで外国籍の人が理事長になったことはありませんでした。私が最初ですね。でも、その時、僕が在日韓国人ということでJCの中に反対とか反発はありましたよ。結局選挙になりましたが、JCの中で「河本君、別に

韓国人であろうと関係ない。難しいけど筋道を通さないとだめだ」という人たちが応援してくれてました。私はそれまで専務理事をやっていましたが、JCの皆さんに担がれて理事長になったのです。

　同じ時期にもうひとり、日本人でない理事長が神戸で生まれました。中国の人ですね。貿易商で財を成した方で、神戸のような大きな街でJCの理事長になられた。その人がいたことで、少しは気が楽になった。私が大津で理事長になって事例ができたから、彼が立候補したのではないですよ。同じ選挙の日だったから、私も知らないし彼も知らない。

　その当時では、画期的なことだって？　そうですね、今でこそそのようなことが当たり前になっているけれど、今から40年近く前の当時は、やはりなかなか難しい時代でしたから。日本JCに出向していたときは、在日韓国人だからといってなにか特別な目で見られたことなど全くなく、そもそもトップクラスになるとセクト主義のようなものはないですね。

　経営者で一代で経営している人が入っていたり、その息子の世代が入ったりしていますが、会社員と違って、そのようなところに入らないといろんな人から学んだり、体験したりする機会がないですからね。

　ただ、最近思うことですが、右翼的というか、以前はもっとリベラルな人が多かった気がします。JCはそこで「社会開発をどうすべきか」とか、「自分はどう生きなければなら

ないか」など、いろいろ勉強しますね。

　政治家もよく来ました。徳田虎雄さんや海部俊樹さんなどの話を聞いて、たいへん影響を受けましたね。徳田さんは医者で徳洲会病院グループの理事長でした。また海部さんは早稲田大学雄弁会出身で、きれいな発音で、声もよく通っていましたよ。私は、日本人で構成されているJCから、日本人の一員として日本社会を見るんですよ。そうすると、やはり体制的というか、日本国を自分たちの手でといった考え方になりますね。

　その後の話ですが、普通、JCの理事長をやれば、JCを卒業する40歳になったときはロータリークラブに入ることになっていると言ってもいいと思います。私のときには、大津プリンスホテルで朝に会合する国際ロータリーといった組織を作ってくれという話があったけど断りました。ロータリーのことはあまり考えませんでしたね。

在日本大韓民国民団滋賀県本部

　私がJCの理事長をやっている時、広報誌などで紹介されたりしていると、在日韓国民団滋賀県本部の権寧崙団長から呼び出されました。権団長から見れば、私の父親は先輩になりますね。権団長は「君、日本人になったのか？」と問われ、私は「いや、なっていません」。すると権団長は、「そうか、よかった、それでこれからどうするのか？　日本人になるのか？」と尋ねられ、「いや、今のところ、そう

いったことは考えていません」と答えました。「それでどないするんや」と権団長。「民団に入ってくれるのか」と。僕は「40歳まで待ってください」と答えて、権団長に40歳になったら民団に入ることを約束したのです。その後、民団に入って組織を変えていこうと思ったけどなかなかそううまくはいきませんでしたね。

　私は民団に入って良かったなと思うことがあります、それは、視点と視野がこれまでとは全く違ったことです。良いか悪いかは別にして。そうすると、「在日がいつまでこんなことを言っているんや」と思うこともあれば、「その筋を通さなければならんこともあるわな」とも考えたことなどいろいろありました。それがわかってきて、自分が今何をやらなければならないかを考え、「近江渡来人倶楽部」を創るという発想に帰結するようになりましたね。だから、具体的にそれが自分の頭の中に定着しだした時に民団を辞めたのです。

　それで、皆さんに意見を聞いてみようとして、2年間、在日韓国人の若い人たちを集めて勉強会を開いたのです。私はこのまま民団を続けていくと、民団の役をしなければならなくなるだろう。団長になる可能性もありましたから。当時の申永煥滋賀県本部団長と朝4時まで話し合って「民団を辞めさせてほしい」と伝えましたね。

　私は申団長の参謀をやっていました。だけど、民団の団長になるかどうかの時、私自身は思っていないので、これで堪忍してくれとお願いしました。その時、石山支部の金

東方石さんを推薦して。私がその金さんに言った言葉が、「金さん、民団が好きなんだろ？ 病気を抱えているのはわかっている。だけどな、座して死を待つより、何かやりきったという達成感をもって自分があの世に行くときに振り返るようにしたらどうか」。たいへん横着なことを言ってしまったけど、彼は団長になって、たいへん積極的な活動をしましたね。金さんはほんとよく頑張っていましたよ。

その頃は、民団の団長という職責は、在日韓国人社会で結婚式や会合などあるとき必ず招待され、最初の挨拶を依頼されるなど、その役職の重みはかなりありましたね。それと一世の方々も数多く健在で、どちらかというと考え方が本国志向で、これが何らおかしくない時代でした。また、民団の事業の対象が、例えば「指紋押捺拒否運動」など日本社会に対する制度の改正や是正といったことでした。当時はこれで良かったのです。「これからはそういうわけにはいかないぞ」という時代に入るときでした。

私は、何回も中央本部に行って話をしても、例えば国籍法の問題なども、偉い人たちが頑なな姿勢でつぶされてしまったし、黄迎萬さんなどは、根っからの職業人というか、本国志向でしたね。

私は、21世紀の民団の在り方について、団員が日本社会での立ち位置をもっとオープンにできるような改革をすべきだと考えていました。国籍法について話をすると、「そんなことをやっていたらみんないっぺんに日本人になってしまう」などといった話でした。私はJCという日本の組織の

中で活動してきて、在日韓国人のあるべき姿を考えてきましたが、現実はなかなか難しかった。民団は、本国に対する貢献はグロスでは相当やってきました。そろそろ在日の中で自分たちで拠って立つところ、民生とかに力をそそぐべきだと思って発言していました。

　本国からお金をもらっていることなどまったく別の話で、今はニューカマーの人たちも増えているが、ニューカマーであっても日本国籍を取る人が増えていく。少子化に加えて、日本国籍を取得する3世や4世が増えることで、民団内での考え方がだんだん狭くなっていきますね。どうしても大局的にものを考え組織運営するということよりも、好きや嫌いといった個人的思惑や、旧態依然としたところにあぐらをかいているほうが楽だといったこと。また役だけもらったらそれでいいという人もいるでしょうしね。活性化することにあまり興味のない人もいたり、また夜の街に繰り出すことが好きな人もいますから。

　やっぱり、これでいいのかという気持ちが残りましたね。それが2年間の若い在日韓国人の勉強会を経て、「近江渡来人倶楽部」設立へとつながっていくのです。

第3部 50歳から75歳

第5章

壮年期

〈新たな出発〉在日コリアンの生き方を模索して

社会活動　近江渡来人倶楽部

〈新たな出発〉

　50歳頃になって、バブル期の債務処理をすすめる過程に
おいて、宅地開発事業もパチンコ事業もたたみ、経済活動
の展開が望めない中で人生の価値についてどこに価値基準
を置くのか、自問自答を繰り返しました。生きる糧から生
きる意味の模索と言ったらいいのか。その結果、これから
経済活動よりも社会活動にウエイトを置くべきと心が決ま
りました。

　社会活動の中でも、在日コリアン2世として、これまで
生きてきた、そしてこれからも生きていくであろう日本社
会とどう関わっていくのか。ＪＣや民団の活動経験を踏ま
えて、また先ほど言った若い在日コリアンとの2年間の勉
強会の議論を踏まえて帰結したのが「近江渡来人倶楽部」
なのです。

　「『近江渡来人倶楽部』を創って、お前いったい何をしたい
のだ」とつつかれたりもしました。時代が時代であり、在
日コリアンの問題だけではなく、日本社会がこれから高齢
化し、人口も少なくなっていく中で、「多文化共生」という

ことが必要となっていくのではないか。

　子どもたちにも日本国籍を取らすのか取らさないのか、勉強会で皆さんに聞いたら、韓国籍のままという人はほとんどいませんでした。私の渡来人に対する発想はこれです。「いつ来たかは別として、日本に入り住みついたら日本人になる。すべて日本列島に到達した時期が違うだけの話だ。その中の利害を含めて日本のためにどうしたらいいかを主張し行動すべきである」と。

　そういう意味では、「近江渡来人倶楽部」ができて、私としては「多文化共生」に向かってのひとつの柱ができたと考えています。世の中がそのようになってきましたから。

　もうひとつは「歴史認識」が甘いという問題です。難しいけれどこれをやらなくては。この2本立てにしたというのは、皆さんが同意してくれたからで、20年経っても、未だ変わらず、色あせることなく突き進んでいます。でもこれは、今もなお改善されていませんね。

　それだけ難しい課題なのです。

　歴史認識について「近江渡来人倶楽部」は、これまで民団組織の中でやり得なかった「古代から近現代に至る渡来人や在日コリアンの歴史」に関して、専門家を交えて、その事実を把握し、いろいろな議論を重ねて、今日まで進めてきたことはたいへん意義のあることだと思っています。『近江渡来人倶楽部創立20周年記念誌』を出して、「あれもやった」「これもできた」という中間報告をして、やって良かったと安堵しています。これから再出発するなかで、

「忘己利他（もうこりた：自分のことを忘れ他人のために生きる」の考えに立って、「日本社会の目覚まし時計」になりたいという思いですね。

　この「日本社会の目覚まし時計」については、たいへん多くの方々から「これはとてもいい言葉だ」と褒めて頂いているのですよ。

「近江渡来人倶楽部」で印象に残っていることは、あり過ぎて、並行して浮かんできます。

「近江渡来人倶楽部」に至る問題意識は、後に「在日コリアン（特別永住者）の21世紀展望」という小冊子にまとめました。「在日永住コリアンの将来を思う」「在日コリアン（特別永住者）の20世紀」「在日コリアン（特別永住者）の21世紀」の3編からできています。

「在日永住コリアンの将来を思う」は、近江渡来人倶楽部設立の前年、日本での居住を決意した永住コリアンとして、日本社会に対しては民族的偏見や差別を根絶する運動を促進させること、在日コリアン社会においてはルーツを隠さず堂々と生きることと地域社会に貢献する運動を推進すること、の二つを進めるべきという考え方をまとめ、手紙として関係者にお送りしたものです。

「在日コリアン（特別永住者）の20世紀」は、在日コリアンの歴史的経過と一世から三世の考え方を整理したもの。

「在日コリアン（特別永住者）の21世紀」は、当時論議されていた「永住外国人に地方参政権を付与する法律案」と「特別永住者の日本国籍取得の特例に関する法律案」に対す

る考え方をはじめ、21世紀の日本社会が内なる国際化と多文化共生を実現すべきという視点から日本人社会及び在日コリアン社会に対して課題を指摘したものです。

また、「近江渡来人倶楽部」の設立以来の20年の活動は「創立20周年記念誌」に集約しました。

その二つの冊子の抜粋を次のページから載せましたので、目を通して頂ければありがたく思います。

（1）近江渡来人倶楽部設立に至るまで

① 在日永住コリアンの将来を思う

　日韓併合の落とし子として植民地時代に渡来し、地域社会に根を張って生きてきた韓半島からの人々。その歴史的経緯から、現時点でも特別永住許可によって居住し、生涯を終えようとする人たち、事情によりやむなく日本国籍を取得して社会に定着しようとする人たち、そしてその子供や孫が各地で暮らしています。

　日本での居住を決意したこれらの人たち（永住コリアンと称す）にとっては「民族的偏見や差別によって人権を軽視されることのない社会」、即ち「自由で平和な生活を営むことの出来る日本社会」の創造こそが最も大きく、非常に大切な課題であるはずです。

　にもかかわらず、特別永住許可による居住者と帰化した人との間、あるいは韓国系と北朝鮮系との間には、同胞意識に大きなギャップが存在し拡大しつつあると思われます。国籍こそ異なるものの、在日同胞として過去の困難を共に

乗り越え、今日を迎えるに至った仲間であるはずなのに。どうして「開かれた日本社会」の創造に向かって大同団結ができないのか。あるいは、何故今日に至っても韓民族の一員であることを隠そうとする人達が減らないのか。素朴な疑問が脳裏から離れません。

　ところで、大陸の有史以来日本列島には膨大な数の韓半島の民が渡来しております。そして、それらの人たちが各時代・各地において定着し、大陸の先進文化を駆使して日本の国家建設に重要な役割を担い、指導的勢力として繁栄を続けながら、日本人として今日に至っていることは周知の事実であります。即ち、日本国家は韓民族を含む複数の血を交えながら現在に至っているものであり、決して大和民族による単一民族国家ではないのです。

　そもそも、永住コリアンにとって日本人の多くはルーツを同じくしているものであり、民族的偏見は理に適うものではありません。また、日本による韓半島併合の歴史的事実や位置づけを見ても、帰化によって日本人となった人は勿論、特別許可で永住し、生活基盤を固め社会的責任を果たしている人々が、日本社会の一員として認知されることは当然であり、様々な民族的差別についてもあるべき姿ではないと考えます。

　このような背景からも「マイノリティーに対する人権軽

視」が、法治国家であり先進国家とされる日本において放置されて良いはずがありません。また、この様な状態が国際社会のリーダーである日本の立場に良い影響を与えるとは到底思えないのであり、一刻も早い改善が望まれます。

　さて、近年永住コリアンの家庭では、第一世代から第二世代へとその中心的役割を移行しつつあり、一部では第三世代にまで引き継がれようとしております。そして、同時に民族系組織にも世代交代の波が押し寄せています。しかしながら、現状での組織の考え方のほとんどが旧態依然とした母国志向であり、永住コリアンとしての主体性が見えないように感じます。特に第二世代の高年齢層においては、過去の日本に対する不信感や望郷の念が強く、どうしても祖国を優先する意見や行動が多くなります。そのため、第二世代と第三世代との意識ギャップは拡大するばかりで、若者の支持を得られない状態に陥りつつあり、結果として組織離れや帰化を加速させていると考えます。この状態を改善しあるべき姿に戻すためには、もう一度原点に立ち返り、「永住コリアンの将来像」、そして「永住コリアンによる・永住コリアンのための運動」を見極めるべADでありましょう。

　また、第二次世界大戦終結による光復以後、第一世代を中心とする先輩たちが故郷を思う故に、物心両面にわたり祖国に貢献し、そして親族を援助して来られた事は素晴らし

い行為であったと思います。しかし、祖国が立派に発展し先進国入りしようとする現在では、もはやその意義は小さいと言えましょう。まして足元に課題を抱える昨今にあっては、その力を「永住コリアンの将来のための運動」にこそ活用すべきであると考えます。とりわけ日本における社会的地位の確立の可否は、今後の日本の国家観形成に大きな影響を与え、ひいては子孫の生活環境や生き方にも大きな影響を及ぼすものであり、決して看過すべきではないと考えます。

　21世紀を目前にした今こそ、韓半島をルーツとする人々、中でも第二世代や第三世代で危機感を持った有志が小異を捨てて大同に終結し、日本人社会には「民族的偏見や差別を根絶する」運動を促進させる。他方、永住コリアン社会においては、「ルーツを隠さず堂々と生きること」と「地域社会に貢献すること」の運動を推進する。そして、このような努力を地道に積み重ねることによって、祖国である韓半島と母国とする日本との「新しい時代の橋渡し役」となる人材を育成するとともに、「世界にはばたくことのできる青年」を輩出すべきであると考えます。

　永住コリアン社会にとって最大のテーマである「自由で平和な生活を営むことのできる日本社会」の創造に向かって「日本人社会との和合と共生」を考え、そして議論しながら衆知を結集すべく、全国各地からの積極的な意見交換

を大いに期待するものであります。

1999年8月15日

近江渡来人倶楽部

発起人代表　河 炳俊（河本 行雄）

② 在日コリアン（特別永住者）の20世紀

在日コリアン一世

発生原因と歴史的経緯

1945年8月、日本の無条件降伏によって太平洋戦争が終結した。これにより1910年から36年間にわたって植民地支配を受けてきた朝鮮半島は解放された。当然ながら朝鮮人もまた、長い抑圧生活から解き放たれ自由の身となった。

ところで、当時の日本には1915年頃から労働者として渡日した人たち、そして1939年からの「国民徴用令」によって強制的に連行された男女、あるいは1944年の「徴兵制」によって強制連行された若者など、朝鮮半島出身者が200万人以上存在した。

彼らのほとんどは、できる限り早い時期に本国へ帰還しようと準備に奔走した。ある人は解放された本国を再建すべく、またある人は自らの再出発の希望に胸をふくらませて。交通手段もままならない状態にもかかわらず、150万人近い人たちが船に乗り玄海灘を渡って帰国した。

しかしながら、60万人を超える残りの人たちは、生活基盤を日本社会に築いていたり、本国の社会情勢に不安を覚えたり、その後の朝鮮戦争による社会の混乱などが原因と

なって、不本意ながらも帰国の先送りを決意した。

　そうした中、1952年4月28日サンフランシスコ講和条約の発効と同時に、日本政府の一方的通達によって「日本国籍を喪失」し、在日外国人となったのである。

社会での偏見・差別

　この様な経緯によって発生した在日コリアンは、在日一世として50年以上の歳月を苦難とともに歩んできた。とりわけ日本社会における制度的差別は著しく、また日本人的発想による偏見が蔓延していたため、住居を定めることも就職することもままならず、日々の生活にも事欠く状態であった。

　こうした筆舌につくしがたい生活を強いられながらも、彼らは常に強く逞しかった。彼らは日本人社会の最底辺にありながらも、雨つゆをしのぎながら昼夜を問わず仕事を探し、少しでも生活基盤を強固にするためひたすらに努力した。

　また、排除や疎外によって苦しめられながらも、地域の日本人社会に溶け込もうと気を配ったり、あるいは苦しい経済状態ながらも子供たちに高等教育を受けさせたり、次世代に対しても可能な限りの配慮と努力をしたのである。

本国への郷愁と貢献

　不本意であったと同時に不遇であった日本での生活は、彼らにとって「生きるためのバネ効果」はあったものの、人

間として「心豊かに暮らせる社会」には程遠く暗いものであった。そのため心は常に故郷の山河や本国の近親者を想い、許される限りのノスタルジアに浸っていたことは想像に難くない。

　そして、日本で経済的成功を収めたあかつきには「故郷に錦を飾るとともに本国に貢献する」夢を抱きながら、厳しい異国の地で頑張ってきたのである。後年日本の経済復興とともに彼らの思いは現実化し、故郷に対しての寄付であったり、親戚への援助であったり、事業活動を通して資金を投入するなど、本国への貢献度は素晴らしいものとなった。

在日コリアン二世以降

　解放から半世紀を経て、在日一世のほとんどがこの世を去り、二世が中心となって同胞社会を形成しているが、まもなく三世へのバトンタッチを視野に入れるべき時代となりつつある。そのような時代の変遷に伴い、各世代において日本社会に対する評価も大きく分かれてきた。

二世高年齢層の考え方

　彼らは両親とともに苦難の歴史を乗り越えてきた人たちである。そして日本社会の排外性による偏見・差別の「最大の被害者」であるとともに、今日の時代を迎えるに至った「最大の功労者」でもある。

ただ彼らは幼少年期から両親の苦労を見て育ち、自分自身も辛酸をなめながら成人したが故に、日本社会に対しては不信感が根強く、日本人との関係も概ね表面的で儀礼的な傾向が強いと思われる。即ち、余程の信頼関係が構築されない限り、心を許すことができないのである。

二世低年齢層の考え方

　中心となるグループが「団塊の世代」と称される第一次ベビーブームの時代に誕生した人たちである。彼らは戦後まもない苦しい時代に生まれ育ったが高度経済成長の時代に青年として過ごし、社会人になってからは世界有数の経済大国の一員として大いなる恩恵を受けてきた。まさに「ジャパニーズドリーム」の申し子と言うべき境遇であった。

　そのような彼らもまた、青少年期には偏見・差別の犠牲者であったため日本社会とは一線を画して生きざるを得なかった。ところが、近年幸いにも経済的な豊かさとともに日本社会の空気も徐々に変化し、人間関係の積み重ねも寄与することによって「偏見」には改善のきざしが見え、同胞達の努力ともあいまって「制度的差別」も改善の時代へと向かうことになった。

　また彼らは日本の教育を受け、日本語を使い、日本の食文化になじんできた。いわゆる日本型生活に適応してきた人間である。血統的にはコリアンであり、制度的にもコリアンであるが、いまや文化的にも精神的にも日本人的な存在である。

そのため、日本社会や日本人に対しての評価も二世の高年齢層とは異なって、比較的好意を持つ意見が多くなっている。

三世以降の考え方

　民族意識に目覚めた一部の人たちを除いては、若年化するほど日本人との同質性が拡大しており、それに伴って益々日本人的感覚が顕著となり、民族性を強調する事には違和感を覚える人すら出てきた。即ち、日本で生まれ、日本で育ち、日本の教育を受け、日本に住んでいるにも拘わらず外国籍であることを不自然なことと感じる若者が増えている。

　また彼らの意識の中では、民族的マイノリティーであることが「日本人との交際」を阻害する要因とはなり得ず、ネガティブな過去の暗い陰が消え去ろうとしている現状を浮きぼりにしている。

　具体的な事例としては、結婚の相手については男女共に日本人が圧倒的に多く、最近では婚姻数の85％に達する勢いである。そして、結婚によって出生した子供のほとんどが日本国籍を取得している。しかも、両親の片方についても韓国・朝鮮籍であることに違和感を覚えるため、親もまた帰化を申請すると言うケースが増えている。

　前述したように、三世で純粋な違和感を覚える人達についても、早い時期に実態と形式を整合させるべく帰化申請することとなる。しかも彼らの親は反対しない場合がほと

んどであり、中には親から勧めるケースもある。

　在日コリアン社会の帰化へのアレルギーが年を追って減少していることは、ここ数年、年間一万人前後が帰化を許可されていることからも分かる。

　二世から三世へバトンタッチする時代を迎えて、在日コリアン社会が日本国籍の取得に流れ始めていることが明らかになりつつある。

③ 在日コリアン（特別永住者）の21世紀

在日コリアン社会の課題

永住外国人に地方選挙権を付与する法律案について

　永住外国人についてはすべての人に付与すべきであり、一定期間以上の日本滞在によって地域社会に生活基盤を有する定住外国人にも、付与することを前向きに検討すべきと考える。

　1995年2月、最高裁において永住者等の外国人に「法律をもって地方公共団体の長、その議会の議員等に対する選挙権を付与する措置を講ずることは、憲法上禁止されているものではない」そして「右のような措置を講ずるが否かは、専ら立法の政策にかかわる事柄である」との判断が示された。

　これにより政治問題となった当該案件は、在日韓国民団（民団）や日本社会の賛同者によって、各政党をはじめ議会関係者に対する粘り強い説得が行われ、韓国・朝鮮人が居住する市町村約600都市においては75%に上る議会が要望の「意見書」を採択した。

　その結果、2000年7月にはほぼ与党三党合意の上、公明党と保守党によって「永住外国人に地方選挙権を付与する

法律案」が国会に提出されたのである。しかしながら、自民党の反対派によって採決が引き延ばされ、継続審議のまま現在まで結論が出ていない。

　自民党反対派の意見としては「参政権は国民固有の権利であり、外国人に参政権を付与するのは憲法上疑義がある」・「地方参政権を付与すれば国政レベルでも拒めなくなる」・「日本の自治体は実質的に国の事務をかなり行っており、地方参政権に限定しても安全保障の面等で影響は少なくない」等であった。要するに「参政権が欲しければ帰化すべきだ」との考え方である。そして、最終的には自民党反対派から旧植民地出身者等（特別永住者）の日本国籍取得の要件を緩和する方向への意見が急浮上し、「特別永住者の日本国籍取得の特例に関する法律案」が代替案となりつつある。

　しかし、特例法による「国籍取得の緩和」と「地方参政権の付与」は別問題であって、国籍法の緩和によって参政権の付与を見送ることは問題のスリ替えである。「永住外国人に地方選挙権を付与する法律案」については、永住外国人全般の人権を尊重すると同時に、客観的な視点の意見を取り入れることによって日本社会を活性化させようとするものである。つまり、日本社会の「内なる国際化」を促進しようとするものであるため、外国籍住民が外国籍のままで地方政治に参加できることが意味を持つのである。

　尚、今後とも日本社会において理解が促進されるよう、日本人による建設的な議論を期待したい。

特別永住者の日本国籍取得の特例に関する法律案について

　1952年、サンフランシスコ講和条約によって国家の再建に着手した日本政府は、旧植民地出身者に対する処遇を発表した。それは、法務府民事局長名による通達で「旧植民地出身者である朝鮮人及び台湾人は、内地に在住する者を含めすべて日本国籍を喪失する」という一方的な内容であった。

　これは、国籍を「植民地支配以前の状態に回復させる」との論理によるものであり、一見もっともらしく聞こえるが、実は新日本再生にとって重荷であり、しかも阻害要因となる可能性を持った旧植民地出身者の処遇に困惑し、排除によって彼らの影響力を最小限にとどめようとするものであったことは明らかである。

　以来50年、理不尽な通達による「各種の差別」を甘受しながらも、朝鮮半島出身者とその子孫は日本社会に根を張り地域社会に溶け込みながら、生活基盤の確立に向かって努力してきた。そして、ようやく今日では経済的安定を獲得した人たちが多くなり、地域社会において認知される存在となりつつある。

　しかも、彼らのほとんどは日本に永住する意志を固めており、息子たちに対しても本国への帰国は有り得ないと答えている。この言葉を裏づけるように申請時の屈辱的な条件や対応によって思いとどまる人が多いにもかかわらず、ここ数年間にわたって「帰化」する人は「毎年10,000人前後」に上っている。

このような状況の中で発生した今回の法律案については、

①法務大臣に届け出ることによって、日本国籍を取得する
　ことができる。

②漢字の表記による従前の氏または名を称する場合にはそ
　の漢字（日本文字に限る）を用いることができる。

③時限立法ではないため、本人の自然な意志に基づいて判
　断することができる。

④一切の基準を設けてないため、全ての人が対象となる。

⑤国籍取得を希望しない特別永住者等に対して、現状の立
　場を変化させる条件づけはない。

以上

　上記の内容である限り、過去において一方的に日本国籍
を剥奪されたと感じている人、あるいは帰化申請時の屈辱
的な対応が不満で思いとどまっていたり、手続きの面倒さ
が嫌で実行しない人たちにとっては朗報であり、個々人の
自由意志に基づく選択肢を広げる意味からも「大きな前進」
と評価をすべきであろう。

　ところで、在日同胞団体の中には本法律案誕生の動機が
不純であり、すでに国会に上がっている「地方選挙権付与
法案」つぶしとの指摘があるが、本法律案は「朝鮮半島出
身者に対する過去の歴史的経緯と、日本社会での定住性を
考慮して、特別永住者に対してのみ覊束的国籍取得（裁量
の余地なく届け出によって国籍取得を認める制度）を認め
る」とするものであって、過去の植民地支配の被害者に対

する贖罪意識から出発したと解釈すべきであり、在日外国人全体の処遇問題とは別の性格を有するものである。

確かに、与党合意によって推し進められた「永住外国人に地方選挙権を付与する法律案」に対して、自民党反対派が提唱している本法律案については、どうしても「スリ替え法案」との印象が強く「地方選挙権付与法案」を推進してきた在日韓国民団などの在日コリアン団体が違和感を覚えるのは当然であろう。

しかも、「国籍法改正案」が成立し「地方選挙権付与法案」が廃案となった場合には、在日コリアンの日本国籍取得が加速度的に拡大する可能性があり、ひいては既存民族団体の存在基盤にも悪影響を及ぼす可能性があると危惧されているため、在日韓国民団などは不安感を増幅させている。

しかしながら、「国籍法改正案」は「地方選挙権付与法案」について与党プロジェクトチームが議論する中で、帰化申請の現状が理不尽であるとの認識から誕生したものであり、自民党反対派が発案したものではないこと、しかも在日コリアンの多数が待ち望んでいた内容であるとともに、現状のままでも日本人化の流れが進むことは誰の目にも明らかであることを勘案すれば、いたずらに阻止するのではなく大所高所からの判断が必要ではないだろうか。

また、在日コリアンの総意を確認することなく、本法律案への反対を押し通した場合には、近い将来において問題となることは必定であると思われる。

ここは一番「瓢箪から駒」的な法律案の生みの親として実を先取りし、是非とも「地方選挙権付与法案」については今後の課題として頂きたい。

在日コリアン団体について

　日本の敗戦によって解放された朝鮮半島出身者は、1945年10月「在日本朝鮮人連盟（後の総連）」を創立した。また、立場や意見の異なる人たちは紆余曲折を経ながらも、1946年10月「在日本朝鮮居留民団（民団）」を設立した。

　そして、円滑な帰国のための活動やそれに伴う母国語教育などの推進とともに、同胞の生命と財産を守ることや苦しい生活からの救済を目指して、権益擁護運動にも力を注いだ。いわゆる「生活者団体」としてのスタートであった。

　1948年、南北の国家樹立によって政治的影響を直接受けた二つの団体は、それ以後は「生活者団体」から「政治団体」へと変貌し、南北のイデオロギー対立の渦の中にのめり込んでいった。つまり、使命とした在日同胞全体の利益追求を忘れ、対立する本国の考え方を代弁するための政治集団と化したのである。そのため、日本社会での権益擁護運動や人権擁護運動は遅々として進まなかった。

　以来20年、1970年に起きた「日立就職差別事件」の裁判によって、在日同胞の権益擁護運動がようやく開花した。この運動を主導した「民族差別と闘う連絡協議会（民闘連）」は、朝鮮半島の政治には直接かかわることなく、在日コリアンに対する日本社会の民族差別にスポットを当て、日本

人とともに協力して行動するという新たな発想による運動を展開した。

こうした行動は日本社会にインパクトを与え、民族差別の解消に向かって大きく前進する原動力となった。また、問題解決という「成果」を得たことは在日コリアンにとって自信となり、それ以後の「民族差別撤廃運動」へと継承されたのである。

その結果、今日では民族差別撤廃運動の成果と相まって、経済のグローバル化や企業の国際化の波が押し寄せていることもあり、大企業の門戸は確実に開きつつある。行政においても国籍条項の撤廃が進んでおり、日本社会での「制度的差別」は徐々にではあるが着実に改善されている。

民族差別撤廃運動の先駆けとなった「日立就職差別事件」から30年、植民地支配によって発生した「戦争責任」・「戦後補償」などの課題を除き、在日コリアンに対する処遇は改善されつつある。また、その間日本政府は「国際人権規約」・「国連難民条約」・「人種差別撤廃条約」を発効させるなど、遅ればせながらも外国人への対応を前進させている。

このような背景をふまえ、しかも21世紀という新たな時代のスタートであることを考慮すれば、在日コリアン団体もまた「発想の転換」が必要なのではないだろうか。

まず、日本社会に対してのスタンスとしては、過去の「要求型」運動を継続するだけではなく、新たに「参加型」の運動に取り組むべきである。例えば、21世紀の日本を「永住外国人が心豊かに暮らせる社会」にするための事業に参加

し、日本人と共に汗を流しながら「相互理解」を深め、雨森芳洲が提唱する「誠心の交わり」的な信頼関係を構築することによって「共生社会」の実現を促進するという発想である。

但し、そのためには「本国の政治や民族の呪縛からは解放された立場であり、日本に永住するコリア系住民全体の利益を優先させる理念を持ち、しかも在日コリアンであることを隠そうとしない」人物の輩出を後押しし、彼らによる連帯の輪の拡大を支援すべきである。

時は今、日本全国においてこのような人物と団体が数多く生まれることを望んでいる。
「古い葉が落ちて新しい芽が出るのではない。
　新しい芽が出ることで、古い葉が落ちるのです」
　須之部量三氏の言葉より（元外務省事務次官・元駐韓国大使）

尚、近年渡日した韓国人も現在では永住者だけで5万人を超えている。そして、彼らも新たな団体を創設し、日韓交流のための活動を始めている。新たな時代、民族団体と称される組織の存在意義が問われようとしている。

21世紀の日本社会・内なる国際化と多文化共生

日本人の課題

1947年5月、平和憲法と称される根本法の施行によって

新日本の再生が始動した。朝鮮戦争による特需景気や、日米安全保障条約による国防費の支出減が追い風となって息を吹き返した日本社会は、サンフランシスコ講和条約による対日賠償請求権の放棄という結果にも助けられ、産業振興による「経済再建」を最優先課題とし、豊かな社会を目指して政界・官界・財界が一致団結して行動した。いわゆる「日本型護送船団方式」の船出である。

　以来50年、日本経済は高度成長の波に乗って順調に推移し、今日では自他ともに認める「経済大国」となった。そして、ODAをはじめとする世界各国への経済援助や、国連などの国際機関にも積極的に資金提供している。

　また、留学生をはじめ各種研修制度による外国人の受け入れ拡大によって、開発途上国家の発展にも貢献しており、他方では多数の日系人労働者を受け入れることによって、彼らの就業や生活を後押ししているはずである。

　さらに、世界主要七カ国の一員として「G7サミット」と称される会議に出席し、世界平和を論じ、国際貢献を論じ、国際親善を論じている。

　しかるに、折にふれアジア諸国のみならず世界各国からも、日本に対する批判的な声が消えないのは何故なのか。第二次世界大戦の敗者として同様の苦難を乗り越えてきたドイツと比較され、過去の「戦争責任」・「戦後補償」・「歴史認識」について批判を受け続けるのはどうしてなのか。

　「過去に目を閉ざす者は、将来に向かっても盲目である」。ワイツゼッカー元ドイツ大統領の言葉を引用し、国家を指

導する立場にある人たちに対して今一度虚心な反省を願うものである。

　ところで、21世紀の日本は少子高齢化による人口減少社会を迎えるといわれる。2005年頃の1億2,700万人をピークとして、2050年には1億人を割り込むと予測され、経済的衰退の声とともに労働力確保のための外国人受け入れ問題が議論されている。

　つまり、生産年齢人口の急激な減少がさけられず、現状の経済規模を維持しようとする場合には深刻な労働力不足に直面するため、労働力を外国に依存せざるを得ない時代を迎えるというのである。

　しかしながら、行政施策の現状を見る限り、外国人に対する処遇はお世辞にも適切であるとは言えず、地域社会においての外国人に対する接し方を見ても、排他的な態度が数多く存在することは否めない事実である。

　また、日本人は文化や言語や生活習慣が異なる外国人との日常的な共存生活の経験がないため、外国人を異質な存在とみなす傾向が強く、万一このような状況のままで大量の外国人が受け入れられた場合には、現在とは比較にならない摩擦や混乱が生じ、不安定で潤いのない社会となることは火を見るより明らかであり、将来に大きな不安を感じる。

　もとより、日本は世界平和を標榜し国際社会のリーダーを目指している。真に国際社会から信頼され尊敬されるリーダーになろうとするならば、たとえ外国人の数が現水

準にとどまる場合であっても、現状のような排他的環境を改善し、外国人との「相互理解」を深めることによって「内なる国際化」を促進することが不可欠である。

　まして、日本政府の許可によって定住する外国人に対しては、単なる管理対象としての取り扱いに終始するのではなく、入国を許可した責任を果たす意味からも、行政レベルでの「人権尊重」にかなう施策と、住民レベルでの「多文化共生」への取り組みが必要ではないだろうか。

在日コリアン（特別永住者）の課題

　戦後、日本の教科書には在日コリアンに関する記述がなく正確な歴史教育が行われなかったため、風聞によって虚像が一人歩きする結果となり、朝鮮人は「見るからに汚く、見るからに臭く、見るからに恐ろしい」と噂されるようになった。要するに、悪意ではないが無知による無理解である。

　しかも、戦前に教育を受けた人たちの中には、植民地支配の時代に培われたアジア蔑視の意識が色濃く残っており、敗戦のショックや欧米コンプレックスの裏返しとして、折にふれ地域社会において妄言を吹聴する人が絶えなかった。

　こうした日本社会の空気は、日本人に間違った優越感を植え付けるとともに、朝鮮人に対する悪意に満ちた言動を増長させ、根拠のない「偏見・差別」を固定化させる結果となった。そのため、在日コリアンの多くは本名を名乗らず、あるいは出自（ルーツ）を隠しながら暮らし、必要最小限の範囲でしか日本社会とかかわらなかった。

つまり、平穏な生活を維持するための方便として、日本人のような顔をして社会参加したのである。このような状態は、在日コリアンを「見えない存在」にさせ、日本社会へのかかわりを阻害するとともに、日本社会での「朝鮮人蔑視」発言を一層拡大させた。

　しかしながら、半世紀を経て世代交代が進んだ日本社会は、今大きく変わろうとしている。その理由としては、軍国主義の時代に教育を受けた人たちが多数この世を去り、悪意に満ちた「朝鮮人蔑視」を吹聴するネガティブな人の姿が見えなくなったこと。そして、朝鮮半島の文化や芸術に興味を持つポジティブな人が多くなったことなどが挙げられる。中でも、食文化については特に興味が深く、健康管理を重視する時代の日本を象徴するかのような爆発的普及であり、日本社会に定着することは間違いなしと思われる。

　折しも、日本と韓国はサッカーワールドカップ2002年を共催することとなり、観光をはじめスポーツや文化や姉妹関係の交流が著しく拡大している。また、それらを通して相手に対する親しみが沸き、心の壁がとり除かれ相互理解への道筋が整いつつある。しかも、日本社会の変化や日韓交流の促進は、在日コリアンの心に長い間たまっていたフラストレーションをときほぐし、ルーツに対しても自然体で考えられるほどフランクになりつつある。

　このように日韓の社会的背景が整備され、まして21世紀の歴史の幕が開いた今日こそ、在日コリアンが日本社会において当然に活躍するとともに正当な評価を受け、ひいて

は自然体で社会生活を営むことができる時代となるよう行動すべきであると考える。

　つまり、ルーツを隠すことなく堂々と暮らすことのできる「自由で公正な開かれた社会」の実現と、国際社会のリーダーたらんとする21世紀の日本にふさわしい「包容力と多様性を持った多文化共生社会」の構築を促進させるために、日本人とともに汗を流し相互理解を深めながら行動するということである。

　そのためには、在日コリアンの意識改革が必要であり是非とも発想の転換を促したい。

一、韓国・朝鮮人であることを卑下せず、しかも韓国・朝鮮籍であることにこだわらない考え方であること。

二、自らがマイノリティーの先輩であることを認識し、決して新しい在日外国人を差別せず、在日外国人全体の利益を優先して考えること。

三、日本人に対しては協調とともに批判のできる関係を築き、日本社会に参加・貢献する意識を持つこと。

　以上3項目についての理解・認識が、新しい時代に対応する在日コリアンの行動の前提になるべきことを、最後に申し添えておきたい。

※「近江渡来人倶楽部設立に至るまで」は、「在日コリアンの21世紀展望」から抜粋しています。

（2）近江渡来人倶楽部を設立して

▌ 近江渡来人倶楽部設立の思い

次世代の日本を心豊かで実り多いものに
（内なる国際化から多文化共生社会の実現へ）

　次世代の人たちが、「心豊かな社会」で暮らすために
は、21世紀の日本が「人権意識が高く、国際感覚に敏感
な社会」であることが不可欠です。しかしながら、先進
国であり国際社会のリーダーであるにも拘わらず現状で
は、「人権意識が低く、国際感覚に鈍感な社会」ではある
と言わざるを得ず、誠に残念です。

　とりわけ、欧米人には卑屈なくらい丁重な対応である
にも拘わらず、アジア人や開発途上国の人たちには、「冷
淡で見下すような対応が多い社会」と見られていること
は、日本人の国民性を理解してもらう上で、大きな国益
を損なうものであると考えます。

　また、仲間意識が非常に強く排他的であるため、日本は
多数派に迎合しない人たちにとって「住みにくい社会」
であると指摘する人が多く、相互理解への努力が必要で
あると考えます。

【目的】

(1) 近代の渡来人である、在日韓国・朝鮮人への「根拠のない民族的偏見や差別」を解消することによって、彼らがルーツを隠すことなく堂々と暮らすことのできる「自由で公正な開かれた社会」の実現をめざす。

(2) 現代の渡来人である、日系人やアジア人などの外国籍住民に対する「無理解」や「排他的な対応」を改善することによって、彼らが地域社会の一員として心豊かに暮らすことのできる「包容力と多様性を持った多文化共生社会」の実現をめざす。

【事業】

(1) 正確で客観的な朝鮮半島との歴史を普及する事業
　　① 「民族的偏見や差別」を解消するための啓発活動
　　② 渡来人歴史館の運営に協力

(2) 外国籍住民との相互理解を促進する事業
　　① 「多文化共生」のための啓発活動や交流活動
　　② 「多文化共生支援センター」の運営に協力

《 近江渡来人倶楽部の事業活動 》

■［事業1］渡来人歴史館

ー正確で客観的な東アジア関係史の学習をー

　日本人や日本文化は、独自に形成されたのではありません。中国大陸や朝鮮半島からの人の移動によって、あるいは彼らがもたらす知識や技術によって、たえず影響を受けながら発展してきたのです。

　とりわけ、古代の日本列島に治水や農耕などの技術をもたらし、日本国家の原点となる弥生時代を築いたのは、朝鮮半島からの渡来人でした。そして、その後の時代においても、国家建設の中心的な役割を担った人の中に、朝鮮半島からの渡来人が多数存在したのはまぎれもない事実です。

　また、安土桃山時代以後、日本の焼き物技術は飛躍的に進歩しました。これは、陶工をはじめ多くの技術者たちが朝鮮半島から連れてこられ、全国各地に定着した結果です。さらには、江戸時代の学者や文化人たちが朝鮮通信使と交流し、先進の学問や文化を修めたことは周知の事実です。

　このように、日本列島に多大な影響を及ぼしてきた朝鮮半島との関係が、大きくくずれるのは近代に入ってか

らでした。西暦1910年、日本は朝鮮半島を植民地化しました。そして、200万人以上の民が渡来せざるを得なくなりました。1945年、日本の敗戦によって朝鮮半島は「解放」されましたが、約60万人が帰国せず日本に定住したのです。

　西暦2000年現在、50万人以上の日本国籍取得者とその子孫。そして、50万人の特別永住者（韓国籍・朝鮮籍）が日本で暮らしています。しかも、ほとんどの人が永住を決意しており、日本人との結婚も90％を超える勢いです。これほど社会にとけこんだ存在であるにもかかわらず、民族的アイデンティティの根拠となる「姓名やルーツ」を公言している人は少数であり、不健全な状態と言わざるを得ません。

　私たちは、日本人と在日コリアンがともに手をたずさえ、人間尊重を理念とする「心豊かな」社会づくりを進めるため、今こそ勇気を出して過去の「不幸な歴史」と向き合うとともに、正確で客観的な歴史認識を共有し、「誠心の交わり」を再構築すべきであると考えています。

　2006年5月

　　　　　　　　　近江渡来人倶楽部　代表：河　炳俊

▌講演会

平野喜三氏
（近江渡来人倶楽部理事）2011年8月死去

1920年生まれ。
東京高等工業学校電気機械科卒業。
1941年より関東軍特殊情報隊にて対ソ情報
収集活動を行う。
1945年の終戦後、戦犯としてハバロスクに連
行され拘留。同年12月ウオロシロフ収容所へ。
1946年1月収容所より脱出し満州国内へ入る
が、中国解放軍八路軍により連行監禁。その
後、釈放され同年8月コロ島より一般邦人と
共に帰国。

小久保信蔵氏
（近江渡来人倶楽部理事）2015年6月死去

1939年滋賀県に生まれる。県内の中学校に美
術科教員として38年間勤務、同和教育加配教
員も経験。その間に、滋賀県同和教育研究会
事務局、滋賀県解放県民センター、滋賀県教
職員組合にも勤務。退職後に水口町教育委員
会、甲賀市教育委員会の人権教育課に7年間
勤務。「在日外国人教育を考える会滋賀」の会
長を経て、同会顧問。『渡来人歴史館』の専門
委員を務めた。

大橋信弥氏
（近江古代史研究会代表）

1945年生まれ
1972年　立命館大学大学院文学研究科日本
史学専攻修士課程修了、滋賀県立安土城考古
博物館学芸課長ののち、現在は成安造形大学
非常勤講師　専攻：日本古代史・考古学

【著書】
『継体天皇と即位の謎』『古代豪族と渡来人』
『日本古代の王権と氏族』『日本古代国家の成
立と息長氏』（吉川弘文館）

【編著】
『ヤマト王権と渡来人』(サンライズ出版)『新・
史跡でつづる古代の近江』（ミネルヴァ書房）

　2006年から2023年までの間、121回の講演会や探訪を
実施した。

▍［事業2］多文化共生支援センター（SHIPS）

Friendship Cultureship Partnership
21世紀の日本　内なる国際化と多文化共生

【目的】

　センターは外国籍住民の文化と人権を尊重し、外国籍住民が地域において安心して生活を送れるよう、定住化に伴う生活上のさまざまな課題に関して総合的な支援を行うことにより、多文化共生社会の実現に寄与することを目的とする。

【事業】

(1) 外国籍住民との相互理解を促進する事業
　　＊料理・外国語・音楽・スポーツなどの教室
(2) 外国籍住民の生活を支援する団体への協力
　　＊住民に関する支援事業
　　＊日本語の習得に関する支援事業
　　＊職務技能の向上に関する支援事業
　　＊労働環境の改善に関する支援事業
　　＊教育に関する支援事業
　　＊医療・保健・福祉に関する支援事業
　　＊防災に関する啓発事業
(3) その他、目的を達成するために必要な事業

【趣旨】

　グローバル化という大きな潮流の中にあって、すべての人々が文化的アイデンティティを尊重する「多文化共生社会」の構築が待たれています。とりわけ、国際社会において主導的な役割を担うべき日本では、包容力と多様性を重んじることによって、「国際感覚」と「人権意識」に敏感な社会を築くことが急がれます。

　21世紀の日本社会は急速な人口減少期に入っており、2055年には世界に例のない超少子高齢化を迎え、女性や高齢者の就労が増加したとしても、労働力が不足すると考えられます。

　現在、私たちの身の回りでは日系南米人や日本人の配偶者である外国人などが増え、労働力としても欠かせない存在となっています。また今後もグローバル化および少子高齢化が進むことは確実であり、在住外国人の増加は不可避です。

　国籍や民族、宗教などが異なる人々が、互いの文化的な違いを認め合い、地域社会の構成員として共生するためには、日本社会の「内なる国際化」の促進が不可欠であり、今日的課題となっていることを訴える次第です。

2008年3月

▍[事業3] ヒューマニティ・フォーラム

　日本の社会に今もなお存在する外国籍住民に対する問題を浮き彫りにし、その人たちが地域の住民として心豊かに暮らす社会、包容性と多様性を持った多文化共生社会の創造に向けて、有識者や専門家による講演、パネルディスカッション、演奏発表、文化交流、研究発表などを行ってきました。

第1回

2001年4月30日（月・祝）

テーマ：人口減少社会の経済と外国人政策（基調講演）

会場：大津市ピアザ淡海2階ピアザホール

○コーディネーター：大谷昭宏氏（ジャーナリスト）

○パネラー：藤正巖氏（政策研究大学院大学教授）／坂中英徳氏（法務省名古屋入国管理局長）

　河炳俊（近江渡来人倶楽部代表）

大谷昭宏氏　　　　　藤正巖氏　　　　　坂中英徳氏

第2回

2002年4月21日（日）

**テーマ：21世紀の日本社会・内なる国
化と多文化共生**

会場：大津市ピアザ淡海2階ピアザホ
ル

〈第1部〉楽器演奏・アジア文化の源流
訪ねて

古箏（中国）蔡愛琴氏／カヤグム（朝鮮
半島）ミナグループ／琴（日本）江野俊
江氏

〈第2部〉パネルディスカッション・日
本人の課題と在日コリアンの課題

○オープニングスピーチ〈多民族共生
　社会の提言〉

講演：ツルネン・マルティ氏（エコイ
スト・参議院議員）

○パネルディスカッション

パネリスト：坂中英徳氏（名古屋入国
管理局長）／國松善次氏（滋賀県知事）
／野口喜代美氏（ボランティア活動
家・水口町国際交流協会事務局長）／
李敬宰氏（多民族共生人権教育センター理事長）

ツルネン・マルティ氏

國松善次氏

李敬宰氏

第3回

2003年4月13日（日）

テーマ：渡来文化と近江への道

会場：大津市ピアザ淡海2階ピアザホール

〈第1部〉講演・アメノヒボコと秦氏近江の渡来文化

谷川健一氏

○基調報告〈天日矛と秦氏〉：谷川健一氏（日本地名研究所所長）

○講演〈近江の渡来文化〉：木村至宏氏（成安造形大学学長・元大津歴史博物館館長）

○研究報告

木村至宏氏

大和国「百済村」考：池田末則氏（奈良市住居表示審議会委員）／「摂津・河内」に残る百済・新羅・高句麗の国名：尹達世氏（神戸史学会会員）／鉄を求めた新羅国の王子―播磨の国の渡来人〉：田中早春氏（播磨地名研究会）／日本国を渡って来た人々：金田久璋氏（若狭地名研究会）／山城国渡来人地名の変遷―太秦を中心に〉：吉田金彦氏（京都地名研究会）／肥後の白木・百済來：佐藤伸二氏（熊本地名研究会）

〈第2部〉楽器演奏―アジア文化の源流を訪ねて

舞踊：趙寿玉氏／カヤグム：李明姫氏

第4回

2004年4月18日（日）

テーマ：多文化共生時代の日本社会と在日コリアン

会場：大津市ピアザ淡海2階ピアザホール

村西俊雄氏

朴斗鎮氏

〈第1部〉講演・定住外国人の社会参加

村西俊雄氏（滋賀県米原町長）

演題：外国人の生活や人権を尊重して共生し、活力ある地域社会の実現をめざそう

石丸次郎氏

山田文昭氏

〈第2部〉パネルディスカッション・拉致、脱北難民に見る人権意識

パネリスト：朴斗鎮氏（統一日報論説主幹）／石丸次郎氏（アジアプレス大阪オフィス代表）／山田文昭氏（大阪経済大学助教授）

宋富子氏

〈第3部〉ひとり芝居

宋富子氏（高麗博物館館長）

第5回

2005年3月13日（日）

テーマ：共生の21世紀、いま私たちの手で

会場：大津市生涯学習センター多目的ホール

野中広務氏

〈第1部〉講演・戦後60年、自治と人権の未来を語る

野中広務氏（元内閣官房長官・元自治大臣）

〈第2部〉パネルディスカッション

パネリスト：野中広務氏／青山菖子氏（大津の町家を考える会会長）／J.A.T.D.にしゃんた（山口県立大学専任講師）／宋貞智氏（多民族共生人権教育センター事務局長）

進行：河炳俊（近江渡来人倶楽部代表）

第6回

2006年3月21日（火・祝）

テーマ：21世紀の日本づくりと在日コリアンの役割

会場：大津市ピアザ淡海2階ピアザホール

井筒和幸氏

武村正義氏

○パネルディスカッション

パネリスト：井筒和幸氏（映画監督）／武村正義氏（元滋

賀県知事・元内閣官
房長官・元大蔵大
臣・滋賀県自治研
究センター理事長）
／坂中英徳氏（外国
人政策研究所所長・
前東京入国管理局

坂中英徳氏

姜仁秀氏

局長）／姜仁秀氏（医療法人社団八千
代会・八千代病院理事長）／田月仙氏
（声楽家・二期会会員）

進行：河炳俊（近江渡来人倶楽部代
表）

田月仙氏

第7回

2007年3月18日（土）

テーマ：今こそ歴史認識を考えるとき

会場：大津市ピアザ淡海2階ピアザ
ホール

〈第1部〉講演・多文化共生社会の実現
に向けて

小倉紀蔵氏

○基調講演：小倉紀蔵氏（京都大学大学
　院人間環境学研究科助教授・ＮＨＫテレビ「アンニョ
　ンハシムニカ」ハングル講座元講師）

〈第2部〉パネルディスカッション

パネリスト：小倉紀蔵氏／安美佳氏（TVキャスター・モデル）／金真須美氏（作家・ノートルダム女子大学非常勤講師）

安美佳（アンミカ）氏

金真須美氏

進行：河炳俊（近江渡来人倶楽部代表）

第8回

2008年3月8日（土）

テーマ：多文化共生支援センターがめざすもの

会場：大津市ピアザ淡海2階ピアザホール

嘉田由紀子氏

〈オープニングコンサート〉

○演奏：李陽氏（ヴァイオリン）／山田葉子氏（ピアノ）

〈第1部〉講演

○基調講演：河炳俊（近江渡来人倶楽部代表）

〈第2部〉パネルディスカッション

コーディネーター：大谷昭宏氏（ジャーナリスト）

パネリスト：チャベス・トレイシィ氏（草津市在住ペルー人）／ムハマッド・ヌズライ氏（近江八幡市在住インドネシア人）

〈第3部〉スピーチ
嘉田由紀子氏（滋賀県知事）

第9回

2009年3月28日（土）

テーマ：緊急課題！経済不況と雇用問題

会場：大津市ピアザ淡海2階ピアザホール

〈第1部〉講演

大谷昭宏氏（ジャーナリスト）

〈第2部〉鼎談・外国人の雇用と生活実情

参加者：大谷昭宏氏／野口喜代美氏（滋賀県国際交流推
進協議会会長）／河炳俊（近江渡来人倶楽部代表）

大谷昭宏氏　　　　　野口喜代美氏　　　　河炳俊

第10回

2010年3月10日（土）

テーマ：陶房雑話

会場：大津市ピアザ淡海2階ピアザホール

〈第1部〉講演

十五代・沈壽官氏（沈壽官窯）
〈第2部〉楽器演奏・アジア文化の源流
を訪ねて
○文化交流〈心ぬくもる民族のしらべ〉
ヴァイオリン：李陽氏／ピアノ：山田
葉子氏
○アジア文化の源流を訪ねて
琴（日本）：江野俊江氏／古箏（中国）：蔡愛琴氏／カヤグ
ム（韓国）：金オル氏

十五代・沈壽官氏

第11回

2011年4月24日（日）
テーマ：日本の中の多文化共生
～琉球から沖縄へ、400年の歴史～
会場：大津市ピアザ淡海2階ピアザ
ホール
〈第1部〉パネルディスカッション
パネリスト：村田晃嗣氏（同志社大学
法学部教授）／
新里健氏（京都新聞記者）
進行：河炳俊（渡来人歴史館館長）
〈第2部〉楽器演奏・日韓文化のコラボ
レーション
○文化交流
演奏：親舊達（チングドゥル）

村田晃嗣氏

新里健氏

第12回

2012年4月8日（日）

テーマ：「日本の中の多文化共生」～沖縄返還40年を顧みる

会場：大津市ピアザ淡海2階ピアザホール

〈第1部〉パネルディスカッション

パネリスト：村田晃嗣氏（同志社大学法学部教授）

進行：河炳俊（渡来人歴史館館長）

〈第2部〉楽器演奏・アジアの源流を訪ねて

第13回

2014年12月6日（土）

テーマ：無知が外交を狂わす～竹島・尖閣列島… 日本は戦争を選ぶのか～

会場：大津市ピアザ淡海2階ピアザホール

〈第1部〉講演

講師：東郷和彦氏（京都産業大学法学部教授、同大学世界問題研究所長）

聞き手：河炳俊（渡来人歴史館館長）

〈第2部〉舞踊と楽器演奏

ダンス：二階堂ルベン氏／大河ジャッキリーネ氏（2014

年１月ペルーで開かれた世界大会で14位に輝いた）

第14回

2015年5月9日（土）

テーマ：この国はどこへ行こうとしているのか？

会場：大津市ピアザ淡海２階ピアザホール

〈第1部〉講演

東郷和彦氏

東郷和彦氏（京都産業大学法学部教授、同大学世界問題研究所長）

〈第2部〉対談

東郷和彦氏／河炳俊（渡来人歴史館館長）

河炳俊

第15回

2015年11月14日（日）

テーマ：日韓国交正常化50周年

会場：大津市ピアザ淡海２階ピアザホール

〈第1部〉講演・私に見える韓日関係とアジアの未来

講師：金慶珠氏（東海大学准教授）
〈第2部〉対談
金慶珠氏／河炳俊（渡来人歴史館館長）

第16回

2016年5月21日（土）

テーマ：金先生が語る「不安定な世界」の現実

会場：大津市ピアザ淡海2階ピアザホール

金慶珠氏

〈第1部〉講演・世界はどこへ向かうのか？

講師：金慶珠氏（東海大学准教授）
〈第2部〉対談
金慶珠氏／河炳俊（渡来人歴史館館長）

河炳俊

第17回

2017年11月11日（土）

テーマ：この国はどこへ行こうとしているのか？

会場：大津市ピアザ淡海2階ピアザホール

○パネルディスカッション

パネリスト：朴一氏（大阪市立大学大学院経済学研究科教授）／

金慶珠氏（東海大学教養学部国際学科教授）

聞き手：河炳俊（渡来人歴史館館長）

朴一氏

［事業４］ おうみ多文化交流フェスティバル

〜いろんな文化があってええやんか（すばらしい）!〜

　現在、滋賀県には約3万人もの外国籍の方々が住んでいます。世界約100ヵ国からやってきた様々な国籍、人種、民族の人々が私たちと共に暮らしています。そんな滋賀県で、日本人も外国人も、大人も子どもも、みんな一緒に一日中踊ったり、遊んだり、楽しく過ごす。それが「おうみ多文化交流フェスティバル」です！

　フェスティバルのタイトルにも「ええやんか！」とある通り、難しいことを考えずに、まず楽しんで交流したら「ええやんか！」というのが原点にあります。

第1回

日程：2004年9月19日（日）

場所：大津市なぎさ公園、打出の森一帯

第2回

日程：2005年9月18日（日）

場所：びわ湖ホールと周辺

第3回

日程：2006年9月17日（日）

場所：びわ湖ホールと周辺

第4回

日程：2007年9月16日（日）

場所：びわ湖ホールと周辺

第5回

日程：2008年10月5日（日）

場所：草津市草津小学校グラウンド

第6回

日程：2009年9月22日（火）（祝）

場所：草津市ロクハ公園

第7回

日程：2010年9月20日（火）（祝）

場所：草津市ロクハ公園

第8回

日程：2011年9月25日（日）

場所：草津市ロクハ公園

第9回

日程：2012年9月15日（日）

場所：草津市ロクハ公園

※その時の様子は巻末のアルバムをご覧になってください。

[事業5] OTCマダン
(Ohmi Tryjing Clubの広場)

　日本と朝鮮半島に関わる様々なテーマで、講演会やシンポジウムを開催しました。OTCマダンは大津市の「渡来人歴史館」セミナー会場において行われました。

2005年

第1回

開催日：2月24日（木）

テーマ：「韓流ドラマの魅力を語ろう」

―なぜ、今ヨン様なのか？

第2回

開催日：4月14日（木）

テーマ：人口減少社会をどう考えるか？

第3回

開催日：6月9日（木）

テーマ：韓国の食文化を語る

第4回

開催日：8月11日（木）

テーマ：戦争とは？

第5回
開催日：10月13日（木）
テーマ：孫正義のアイデンティティ

第6回
開催日：12月8日（木）
テーマ：日本と古代朝鮮との交流

2006年

第7回
開催日：2月9日（木）
テーマ：『大長令（テジャングム）』

第8回
開催日：4月13日（木）
テーマ：日本と韓国との歴史認識

第9回
開催日：6月8日（木）
テーマ：『ソウルで見たこと、感じたこと、考えたこと』
― 在日2世・3世・4世が語る生の韓国 ―

【緊急開催】

開催日：8月4日（金）

テーマ：北朝鮮ミサイル発射と朝鮮半島情勢

第10回

開催日：8月10日（木）

テーマ：『軍国少年一代記』― 昭和・ある男の半生 ―

第11回

開催日：10月12日（木）

テーマ：『韓国と日本の衣装文化』
― 簡単な歴史と種類・着方 ―

第12回

開催日：12月14日（木）

テーマ：最新の現状報告「北朝鮮、どうなっているのか」

2007年

第13回

開催日：2月8日（木）

テーマ：韓国・朝鮮の雑学

第14回

開催日：4月12日（木）

テーマ：憩いの箱から凶器の箱へ『今、テレビが危ない』
― 揺れ始めているテレビ制作の現場から ―

第15回

開催日：6月14日（木）

テーマ：**中国に暮らしている朝鮮民族の現状**

第16回

開催日：8月9日（木）

テーマ：**日本と朝鮮半島の真実（在日コリアンの視点）**

第17回

開催日：10月11日（木）

テーマ：**知ろう解ろう自分の街の外国籍住民**（シリーズ1）

第18回

開催日：12月13日（木）

テーマ：**知ろう解ろう自分の街の外国籍住民**（シリーズ2）

2008年

第19回

開催日：2月14日（木）

テーマ：**知ろう解ろう自分の街の外国籍住民**（シリーズ3）

第20回

開催日：4月10日（木）

テーマ：知ろう解ろう自分の街の外国籍住民（シリーズ4）

第21回

開催日：6月12日（木）

テーマ：知ろう解ろう自分の街の外国籍住民（シリーズ5）

第22回

開催日：8月7日（木）

テーマ：知ろう解ろう自分の街の外国籍住民（シリーズ6）

第23回

開催日：10月9日（木）

テーマ：知ろう解ろう自分の街の外国籍住民
（シリーズ7）アフリカ系住民

第24回

開催日：12月11日（木）

テーマ：知ろう解ろう自分の街の外国籍住民（シリーズ8）

2009年

第25回

開催日：6月11日（木）

テーマ：「原尻教授の課外授業」第1弾
両班と武士道

第26回

開催日：7月9日（木）
テーマ：「原尻教授の課外授業」第2弾
韓流はいつから始まったのか？

原尻英樹氏　立命館大
学産業社会学部教授

第27回

開催日：11月12日
（木）
テーマ：康仁徳氏が
語る最近の朝鮮半島
情勢〈核・後継者・
東アジアの安定〉

康仁徳氏　元韓国統
一相

黄長燁氏　元北朝鮮
最高人民会議議長

2010年

第28回

開催日：10月14日（木）
テーマ："ガンバレ・21世紀のニッポ
ン"競争か？協調か？グローバル時代
の東アジアを占う（第1回）

林廣茂氏　同志社大
学大学院ビジネス研究
科教授

第29回

開催日：11月11日（木）

テーマ：“ガンバレ・21世紀のニッポン”競争か？協調か？グローバル時代の東アジアを占う（第2回）

第30回

開催日：12月9日（木）

テーマ：“ガンバレ・21世紀のニッポン”競争か？協調か？グローバル時代の東アジアを占う（第3回）

▌座談会（「創立20周年記念誌」から）

参加者：河炳俊代表／星山文基副代表／深井俊秀副代表
　　　　喜久川修事務局長
コーディネーター：姜永根
　　　　　（近江渡来人倶楽部創立20周年記念誌編集者）

河炳俊代表

星山文基副代表

深井俊秀副代表

喜久川修事務局長

姜永根コーディネーター

姜：「近江渡来人倶楽部創立20周年記念誌」発刊にあた
　　り、河炳俊代表をはじめ、星山文基副代表、深井俊秀
　　副代表、喜久川修事務局長に集まって頂き座談会を
　　行いたいと思います。渡来人倶楽部を創立した当時

のことを振り返って頂き、今日まで〈おうみ多文化交流フェスティバル〉や〈ヒューマニティ・フォーラム〉などの行事を企画運営し、また〈渡来人歴史館〉を開設するなかで様々な活動をしてきたわけですが、そもそもなぜ〈近江渡来人倶楽部〉を創ろうとしたのか、またその理念や目的、意義などについて、まず代表からお話を伺いたいと思います。

河：〈近江渡来人倶楽部〉は2000年4月1日にスタートしました。実はそれまでに2年間のいきさつがあり、それを説明した後に本題に入りたいと思います。〈近江渡来人倶楽部〉の創設までの2年間、私は滋賀県内に住む在日コリアンの青年経営者に声をかけ、概ね月に一度勉強会を開催しました。おおよそ17名の人たちが参加してくれましたね。

テーマは、「在日韓国・朝鮮人は2000年以後、どういう生き方をするのか？どこで生きていくのか？何をするのか？どのように人生を締めくくっていくのか？　いわば生まれて死んでいくまでの歴史をどう作っていくのか？」ということです。それぞれの悩みや問題意識を共有して自由に語り合い、私からもいろいろ提案させて頂きました。意見のなかで一番多かったのが、「自分たちは、また子どもたちはこれからどの国で暮らしていくのか、日本なのか本国なのか、或いはその他の国なのか？」この中には日本

国籍を取得した人もいましたが、意識的には在日コリアンの立場で考えて頂きました。このテーマで何回も何回も語り合ったのです。

そして、行きつくのは「自分の子どもたちには、どこでどう暮らし、どうなっていって欲しいのか？」という問題提起でした。在日コリアンの子弟の結婚問題は常に一番大きな課題だったからです。それらを話し合ったり聞いたりしていると、積極的に海外で居住しようとする人はともかく、「私たちはこれからも日本で暮らしていく」というのがほぼ一致する意見でした。そうであれば、各論としてこれをどう捉え、考え、解決していくのか、これらを〈近江渡来人倶楽部〉という会のなかで語り合っていくべきではないのかとなったのです。

姜：創立前の2年間、在日コリアンの方々といろんなお話しをされたとのことですが、星山さんも当初から参加されたのですね、その時のお気持ちはどうだったのでしょうか？

星：星山文基です、旧姓は李文基といいます。私は生まれてこのかた、在日韓国民団という組織の中にいて、若いころはその傘下団体の青年会で、人が集まる組織にするために積極的に活動してきました。

そのなかで民団という上意下達的な組織の在り方や会議の進め方、また人間関係においても疑問を抱い

ていて、河代表に「別の組織を作りましょう」といった話をしてきました。私や子供らがこの日本社会で生きていくなかで、どんなポジショニングを取るのが一番いいのか、ということを常に考えていましたね。

河代表と共に〈近江渡来人倶楽部〉を創り、日本人の方々とも力を合わせて活動し、また一緒に韓国に行くなど、いろいろな経験をするなかで非常にやりがいのある会になっていったと思いますね。日本のなかのコリアンに特化した民団や朝総連といった組織ではなく、日本人と共存する組織の在り方というのが実に良かった。それが20年続いたというのは凄いことですよ。ただ、もう少し違う前向きの展開ができたかもしれないという思いもあるけれど、設立当初はほんと楽しくやらしてもらいましたね。

姜：深井さんにお伺いしたいのですが、〈近江渡来人倶楽部〉は、当初どちらかというと在日コリアンが参加する組織であったのに、なぜそこに加わることになったのですか。

深：いちばんは河代表との交流というか、私が滋賀県庁に勤めている時、河代表が大津青年会議所の理事長をされていて、いろんな支援や協力をお願いし、そんな関係もあって親しくさせてもらっていたことが

大きいですね。また私が大学の時に日本古代史の上田正昭先生の講義を受けて、先生が「日本の歴史は東アジアのなかで見ていかないと正しく理解できない」という話を繰り返し仰っていたということや、子どもの頃に映画に行くとニュース映画で〈北朝鮮への帰還事業〉の映像を見た記憶や印象が残っていたことなどでしょうか。

2000年に、河代表が「こういうものを作るんだ。これは、もちろん在日コリアンに理解してもらうことが大事なんだけれど、日本人にも知ってもらいたい。そして我々は今後とも日本に暮らし、日本の地域社会に貢献していきたい。」という話をされたとき「目から鱗」のような感じでしたね。「ああ、そうなのか」と。私には在日コリアンの人たちは、いずれは本国に帰るのだけれど、必要に迫られて日本に住んでおられるのだとばかり刷り込まれていましたから。日本人のなかで、「日本の地域社会に貢献したい」という人にあまり出会わないので、「在日コリアンの人って、相当つらい目にあっていたのに、こういうことを考えている人もいるのか」とすごく共感し、一緒に勉強させてもらったらありがたいと思い、〈近江渡来人倶楽部〉に入会させて頂きました。

姜：喜久川さんにお伺いしたいのですが、事務局長という立場で〈近江渡来人倶楽部〉に参加されています

が、当初から事務局におられたのですか？

喜：いえ最初からでなはく、私が55歳の時ですから今
　　から15年前ですね。すでに5年間活動された後に入
　　り事務局の仕事に携わりました。どちらかと言うと、
　　ニューカマーの人たちやラテン系の人たちの支援に
　　関わることが多かったかと思います。

姜：〈近江渡来人倶楽部〉はこの20年間、たいへん多彩
　　な内容の活動をして来られましたが、もちろん楽し
　　いことや喜びにいっぱいの出来事がたくさんあった
　　と思います。反面、たいへんだったことや苦しかっ
　　たことなども同じくらいあったのではないかと想像
　　しますが、そのことからお聞きしたい。

河：〈近江渡来人倶楽部〉は、何の因縁かわからないけ
　　れど、20世紀から21世紀へ、まさに世紀をまたぐ時
　　期に発足しました。そこには「ものの見方は、その
　　時々の出来事によって常に変化していく」という考
　　えがありましたね。私たちが日本で生まれて、日本
　　で死んでいくというのであれば、日本社会に貢献し
　　ていく仕事は在日コリアンだけではなく、日本人と
　　一緒にやってこそ、お互いが共感や共鳴できるとい
　　う姿が出せるのではないかと思ってきましたが、会
　　員拡大というのは本当にたいへんですね。

ただ、私は人数的に膨らますよりも質をきちんと高めていく、理念から目的、事業の内容に至るまで一貫性のあるものにしたかった。目的に向かって何をやっていくのか、筋道をたてていくことが大事なのです。理解している方だけに入って頂いて、一緒に事業をやっていくことに意味があると思って、あまり会員拡大には走りませんでした。後から振り返ると、実際そのことへの辛さはさほど感じなかった。従って会員はほとんど増えてはいませんね。

姜：星山さんにお伺いしますが、〈おうみ多文化交流フェスティバル〉や〈ヒューマニティ・フォーラム〉を開催し、また〈渡来人歴史館〉を創られ、その中での〈OTCマダン〉とか〈講演会〉など数多くの催しを企画し実行されたとき、またみなさんの前で講演者として実際にお話しされたとき、どのようなお気持ちだったのですか？

星：まず、私が〈OTCマダン〉のなかで話をしたのは、当時大人気だった韓国のテレビドラマ「チャングムの誓い」についてでした。自分が見たままの思ったままをみなさんに伝えたのですが、何しろ韓流ドラマのことを私より詳しく知っていらっしゃる方が多かったのでなかなかたいへんでした。（笑い）。日本の皆さんが韓国の歌や映画、ドラマなど韓国の文化

に親しみを持って頂いていることは本当に嬉しいですね。その意味でこれまで催しの企画や開催も楽しくやらしてもらいましたよ。

姜：深井さんはいかがですか？　たくさんの行事に参加されてどのように感じられましたか？　おもしろいことやたいへんなこと、いろいろあったと思いますが。

深：〈ヒューマニティ・フォーラム〉をまず代表が企画されて、いろんな視点から凝っているなと思いましたね。例えば坂中英徳さんの移民政策の話などはかなり先見的なものであったし、また野中広務さんのように自民党の中枢におられた方の話などはほんと面白かった。企画が多彩ですよね。
　それから、ニューカマーということをこの会は意識していましたね。在日コリアンはオールドカマーとして基本であるけれど、ニューカマーは日本語も十分わからない人がいるので、議論だけではついてこられない面もあります。もっとその国の歌や踊りなどを前に出した方がいいのではないかという河代表の発想にはびっくりしました。それを〈おうみ多文化交流フェスティバル〉というかたちで実現し、たいへんインパクトがあったと思いますね。私も10年間関わってきて、実際たいへんなこともありました

よ。近所の人から苦情を言われたり、警察に怒られたり。（笑い）

このような大きな催しと、さっき星山さんが言った〈OTCマダン〉などちょっとした身近なテーマで頻繁に行う催しと、大と小を上手く組み合わせ、またイベントと常設の〈渡来人歴史館〉との組み合わせなどがとってもバランスよく充実していたのではないでしょうか。

姜：喜久川さんにお伺いしたいのですが、どんな行事ごとでも事務局の役割というのはたいへん大きなものと思いますが、その分、かなりご苦労されたのではないかと？

喜：もう事務局の立場ですから、理事会などで皆さんのご意見をじっくり聴いて、準備を周知徹底することでしたね。いつも議論沸騰ですから。

姜：〈渡来人歴史館〉は県内でもかなり名が知れてくるようになってきましたね。先ほどもお話があったように大小織り交ぜた様々な催しをやって来られたのですね。

河：基本的に〈近江渡来人倶楽部〉の各事業を開催するにあたって、最初はあまりしんどさを感じていなかっ

た。けれどもやればやるほど楽ではない状態になったことも事実です。（笑い）〈多文化交流フェスティバル〉は、ボランティア学生を中心に行ってきたわけですが、こんなにたくさんの若い人たちが関わってくれて気分はほんと良かったけど、事務局はたいへんだったと思います。

もう10数年経って、今それを振り返りながら話をしていますが、もう1回やれと言われれば「もうようせんわ」と。立ち上げは二度とできないんじゃないかな（笑い）。80歳代の方々もよく頑張っておられて、古き良き時代だったなと思っています。ほんと10年ほど前は凄かった。

姜：20年前と言うと韓国も韓流ブームが始まったときですよね。その後北朝鮮の核やミサイル問題が起こり、そして最近では日韓関係が非常に厳しくなるなかで、今後、私たちも何らかのかたちで影響を受けていくと思うのですが。今からは〈近江渡来人倶楽部〉の今後のことについてお話を伺いたいと思います。

河：その前に一点だけ、さきほど姜さんから旅行の話が出ましたが、県内は言うに及ばず、韓国への旅行、対馬にも行ったこともありましたね。楽しくできたのは80歳代の先輩たちにリードして頂いたおかげです。歴史のことを実によくご存じだったので、一般

の方に対するアプローチができたし、私たちだけで
はとてもできないような旅行をさせて頂いた。でも
ね、旅行をもう一度やれと言われても1泊2日すらで
きないかもしれませんよ。

姜：〈渡来人歴史館〉では100回を超える講演会が行われ
　　てきましたが、それらを踏まえ、今後、〈近江渡来
　　人倶楽部〉をどのように発展させていくのかについ
　　て、お聞きしたいと思います。星山さん、いかがで
　　すか？

星：まあ、私自身、民団とか在日の世界から見てきた部分
　　があって、実際在日同士の間だけでは話にならない
　　なと思っていました。日本に住んで、私自身も日本
　　国籍を取得して、もっともっと日本社会にアプロー
　　チできないだろうかと。でなければ在日は取り残さ
　　れてしまう。違う意味で偏見などを持たれてしまう
　　のではないかと危惧しています。これから日本人と
　　の共生社会を作るための活動がますます大事になっ
　　ていきますね。

姜：深井さんはどうですか？　今後の在り方や方向性に
　　ついて、

深：これまであまり積極的に会員を募って来ませんでし

た。20年で会員の平均年齢がそのまま20歳上がって
いっているわけですから。（笑い）これからどれだけ
大きなことができるかは別にして、世界のリーダー
たちの動きを見ると、その国で何か問題が起これば
求心力を高めるために、内外にあえて敵をつくるよ
うなことをやりますよね。そんな不幸なひとつの政
治ショーみたいなものを許さない、おかしいと言う
ためにも、客観的事実を日韓でも日中でも、みんな
が知ることがとても大事ですね。大々的に研究チー
ムなどを作るとかはできないけれど、〈渡来人歴史
館〉での歴史講座、また〈OTCマダン〉でもよいの
で、客観的に事実を知る活動を細く長く地道に続け
ることが大切だと思います。

姜：喜久川さん、これまで〈多文化共生支援センター〉
の活動も精力的にやって来られ、そのことを含めて、
今後の〈近江渡来人倶楽部〉の在り方についてお伺
いします。

喜：〈多文化共生支援センター〉は、行政との関係も大事
にしながら、行政だけでは行き届かない面もカバー
しようと、国や県などからの委託を受けてきました
が、センター本来の役割に戻って、2017年度にこれ
をいったん返そうということになりました。活動し
てきたなかで、リーマンショックの時、2007〜08年

にかけて、南米の人たちを中心に、たくさんの方々が相談にやって来られました。

それで、今回のコロナにおいてもその時と同じように外国の人たちが集まるかなと思ったけれどそれほどでもなかった。この10年間に各市町村の国際協会が力を付けてきましたね。市によっては外国人の生活相談所ができているし、それと県、市、町の社会福祉協議会が外国人に対し緊急小口貸付を積極的に行いました。これまでなら永住でないとだめだったのが、今はニューカマーも地域住民のひとり、滋賀県民のひとりだという意識付けが少しずつできてきたかなと思います。

とは言ってもまだまだ解決できない難しい問題がたくさんあります。これから〈多文化共生支援センター〉での仕事を、これまでの経験を活かしながら私自身のライフワークとしてやっていきたいと思っています。

姜：河代表、今後の〈近江渡来人倶楽部〉の在り方について、ひとつまとめて頂けますか。

河：正直に言って、私は展望を持たないようにしていたのです。というのは、さっきも話に出ていましたが、私たち世代がどう生きていくか、その答えの中にこの活動があると思っていたからです。先のことは考

えずにおこう、とりあえず私たちの世代ができることをやろうと。

今、事業によっては継続できないものがあります。学生たちといつまでもコミュニケーションすることが難しくなってきました。というのは学生から社会人になっていけば、同じスタンスでは行事に関われなくなって、また新しい学生を探さなければなりませんからね。

これから体力自体はなかなか言うことを利かないかもしれないが、頭は利くだろうと思っています。〈渡来人歴史館〉をはじめ、社会に対する啓発的な事業を中心として進めていくのであれば、まだまだやれると考えています。そんな中で自分たちも関わってやろうとする若い人たちが出てくるとひとつの枠組みができるかなと。そのためにもいろんな方からアイデアを頂いて、それを誘導できるような背景は作っていかなければなりませんね。

姜：座談会の最後になりますが、星山さん、20年間〈近江渡来人倶楽部〉の活動をされて、ひとことこれだけは話しておきたいということがあれば、お願いします。

星：日本社会の中で在日として生きてきた立場、常にその視線で見てきた自分というものがあって、それが

他の在日に対して、「それは違うやろ」「これはこうやろ」というようなことをきつく思う時期がありました。そういった個人的な部分と〈近江渡来人倶楽部〉として世の中に発信していくこととは切り離して考えるべきだと思います。日本の国を良くすることによって、みんながいつの間にか仲良くできる世の中や社会を自分たちだけでなく子供たちの世代も含めて、考えていかないといけないのでしょうね。

姜：深井さん、これからの日本はますます人口減少社会へと向かう中で、海外からの移民、あるいは新たな渡来人がやって来る中で、日本の国のかたちや在り方が変わっていくと思います。そんななかでの一人一人の心構えという観点から、最後に一言お願いします。

深：たいへん難しい話ですね。私たちのなかによく顔を出してくださっていたオリカイネン・マルクさんというフィンランドから来られた宣教師さんが、「自分の国では外国人を賢く受け入れている」とよく仰っていました。要するに「外国の人を受け入れるのであれば、きちんと正しく一定の経済支援もし、言葉も日常生活に支障がないように教える」という姿勢が大切なのでしょうね。日本は技能実習制度を作っているけれど、いちばんひずみのところを押し付け

ようしている。

次の時代、日本はどういう国として生きていこうとしているのか、本当に海外からの労働力が必要なのか、日本の経済や文化など含めて社会をどうするのか、それこそ20年前に坂中英徳さんが問題提起し私たちも議論したことを、みんながもっと広く深く考える必要があると思います。そして〈近江渡来人倶楽部〉の原点である「公正で開かれた社会を作る」という言葉を守っていきたいですね。

姜：移民国家になる可能性のある日本。この日本に住む私たちは、今後どのような社会を作っていくべきなのか、またそのときの〈近江渡来人倶楽部〉の使命や役割は何なのか。この視点でこの座談会の最後を河代表の言葉で締めくくりたいと思います。

河：〈近江渡来人倶楽部〉は21世紀の幕開けにスタートしましたが、20年たっても全くその理念が色あせていませんね。それは私たちに先見性があったというよりも、日本社会があまり変化をしていないということなのでしょう。逆を言えば課題が多いということなのです。果たして日本だけが課題を残しているのか。アメリカが自国主義に向かっていると言われるように、実は世界の国々の本音は自国主義なのに建て前として合わしているのです。

そうすると、例えば難民の問題にしても、きれいごとを言っているが、結果的にはトランプさんの言う方向に行かざるを得ないということが今後もありますよね。それを超えられる、或いはこれ以上はできないけれどここまでならできるという線を先進国は示しながら、実行することが必要になるのではないか。

そう考えると、かつて坂中英徳さんが東京入国管理局長という立場で〈近江渡来人倶楽部〉の発想や理念、目的をよく理解し、移民政策という打ち出し方をされたのはまさに時代を先取りしたことのように思いますね。

私たちの会則、その目的や事業を改めて見ましたが、まったく変えるところはない。それをどうやって具現化するか、これまでは〈渡来人歴史館〉と〈多文化共生支援センター〉を核として出来るだけのことはやってきたけれど、時代が進んで、その中に存在している会員の年齢も以前とは違い、まさに21世紀の少子高齢社会の到来は〈近江渡来人倶楽部〉にも言えることですね。

そんなことを思いながら、今、試行錯誤のなかにいるというのが本音です。だけどやるべきことがある以上知らん顔はできないだろう。そこは皆さんと相談していきたいと思いますね。

姜：本日はありがとうございました。

近江渡来人倶楽部の活動年表

年度	理念普及型事業（専従チーム提案）		
	渡来人歴史館	多文化共生支援センター	ヒューマニティフォーラム21
2000年			
2001年			第1回 4月30日（日）
2002年			第2回 4月21日（日）
2003年			第3回 4月13日（日）
2004年			第4回 4月18日（日）
2005年			第5回 3月13日（日）
2006年	5月28日開館		第6回 3月21日（火）
2007年	1周年記念講演		第7回 3月18日（日）
2008年	2周年記念講演	3月開館	第8回 3月8日（土）

市民参加型事業（理事会提案）	
おうみ多文化交流 フェスティバル	OTCマダン
第1回　9月19日（日） 大津市なぎさ公園 打出の森一帯	第1回　2月24日（木）　第2回　4月14日（木） 第3回　6月9日（木）　　第4回　8月11日（木） 第5回　10月13日（木）第6回　12月8日（木）
第2回　9月18日 びわ湖ホールと周辺	第7回　2月9日（木）　　第8回　4月13日（木） 第9回　6月8日（木）　　【緊急開催】8月4日（金） 第10回　8月10日（木） 第11回　10月12日（木） 第12回　12月14日（木）
第3回　9月17日（日） びわ湖ホールと周辺	第13回　2月8日（木）　第14回　4月12日（木） 第15回　6月14日（木）第16回　8月9日（木） 第17回　10月11日（木） 第18回　12月13日（木）
第4回　9月16日（日） びわ湖ホールと周辺	第19回　2月14日（木）第20回　4月10日（木） 第21回　6月12日（木）第22回　8月7日（木） 第23回　10月9日（木） 第24回　12月11日（木）

	理念普及型事業（専従チーム提案）		
年度	渡来人歴史館	多文化共生支援センター	ヒューマニティ フォーラム21
2009年	3周年記念講演	草津市委託事業日本語教室開講／滋賀県委託事業生活相談室開設／しが外国籍住民支援ネットワーク開設	第9回 3月28日（土）
2010年	4周年記念講演		第10回 3月20日（土）
2011年	5周年記念講演	草津市委託事業日本語教室開講／NPO法人外国籍住民自立就労協会設立・有料職業紹介事業スタート／SHIPS行政書士事務所（入国申請取次者）開設	第11回 4月24日（日）
2012年	6周年記念講演	国委託事業日本語教室「虹」開講	第12回 4月8日（日）
2013年	7周年記念講演		
2014年	8周年記念講演		第13回 12月6日（土）
2015年	9周年 記念講演	滋賀県委託事業外国人 介護職員養成事業スタート	第14回 5月9日（土） 第15回 11月14（土）
2016年	10周年 記念講演	多文化子ども食堂開設 7月23日県内26番目スタート 毎月第4土曜日11時から14時	第16回 5月21日（土）
2017年	11周年記念講演	〃	第17回 11月11（土）
2018年	12周年記念講演	〃	
2019年	13周年記念講演	〃	
2020年		1月／2月／10月 開催	

市民参加型事業（理事会提案）	
おうみ多文化交流 フェスティバル	OTCマダン
第5回　10月5日（日） 草津市草津小学校 グラウンド	第25回　6月11日（木） 第26回　7月9日（木） 第27回　11月12日（木）
第6回　9月22日（火） 草津市ロクハ公園	第28回　10月14日（木） 第29回　11月11日（木）　第30回　12月9日（木）
第7回　9月20日（月） 草津市ロクハ公園	
第8回　9月25日（日） 草津市ロクハ公園	
第9回　9月30日（日） 【雨天のため中止】	
第10回　9月15日（日） 草津市ロクハ公園	

		理念普及型事業（専従チーム提案）	
年度	渡来人歴史館	多文化共生支援センター	ヒューマニティフォーラム21
2021年	リニューアルオープン	12月25日	
2022年	リニューアル記念講座 大橋信弥顧問受賞記念講演 リニューアルオープン1周年記念講座	6月25日	
2023年	記念講座第1回～第3回	4月1日再スタート 毎週土曜日11時から16時 50回開催	

市民参加型事業（理事会提案）	
おうみ多文化交流 フェスティバル	OTCマダン

第6章

熟年期

50年間、落ちこぼれ青年が経済活動と社会活動をやってきて、さて、これからどうするのか、あと何年頭と体が動くのかわからないけれども、どのように人生を締めくくるのか。自分では社会人としての「落とし前」と言っているけど、これまでの社会活動の延長線上で、やり残したことをしたいと思っている。社会貢献の不足を感じているんです。

　世界にはいろんな課題がある。自分のできることはしれているが、何か社会に貢献していきたい。自分にできること、自分ならできる何か適当なこと、まだ漠然として絞れていないけれど、試行錯誤しながら、模索していきたい。

　例えば、僕は大津に生まれ育って、本当に大津の町が好きだ。古代から現代に続く歴史資産にあふれている。自然も豊かだ。でも、京都に隠れてか、他府県の人に魅力が伝わっていない。大津に移り住んできた人も、多くの人がそのことを気に留めていない。

　去年たまたま治療で入院した病室の窓から目に入ってきた大津の景色は本当に美しいと感動した。よそに負けていない。比叡、比良と続く山なみ、ふもとに広がる町と湖のなぎさ。かつては大津京があり、数多くの歴史ある寺社があり、武者が駆け抜け、商人が通った道の数々。松尾芭蕉が“東西の巷（ちまた）”と表現し、人々が行き交った大津。その魅力を同じ思いを持った地域の人々と、また大津市の歴史博物館と渡来人歴史館がタイアップするとか、盛り上げていければと思ったりしているんです。まちづくり協議

会の人と意見交換もしています。

　また、草津にある多文化共生支援センター（SHIPS）では、多文化子ども食堂をしたり、日本語教室などの活動をしているしね。外国籍の人がもっと暮らしやすい社会にするためにできることがまだまだあるかもしれない。近江渡来人倶楽部や渡来人歴史館、SHIPSの活動を通じて「日本社会の目覚まし時計」の役割を果たしていきたい。夢が広がりますね。

　毎日、新聞やテレビでは社会的に弱い立場にある人、機会に恵まれない人など、様々な日本社会の問題が取り上げられています。それを知るたびに“何とかしないと”、“自分にできることもあるのではないか”、と心が動きます。

　年齢のこともあるので、“最後まで責任を取れるの”と傍らから妻にクギを刺されたりもしながら。自分が引き受けられないのであれば、応援ならできるのではないか。あまり風呂敷を広げてしまうとしんどいけれど、そんなことを人生のエピローグにできないか、時間とのたたかいで夢に終わってしまうかもしれないけれど、七転び八起き人生の落とし前にしたいと思っているんです。

第 7 章

後世に
伝えたいこと

これまでやって来られた最大の要因？　それは、ひとことで言えば「運が良かった、ラッキーだった」ただそれだけですよ。私は実力もなにもないです。だけど事業が社会的環境のなかで運よくプラスに作用したことがたくさんありますね。

再び小学校時代と
青春時代について

　何回もヒアリングしてもらい、河炳俊（ハ・ビョンジュン）としての記憶をもとに、蘇るところについて好き放題言わしてもらった。私が言ったことが、どういうイメージになるのか。面白過ぎる物語になりやしないか、あるいは難しくならないだろうか。どういう状態になるのだろう、私のライフヒストリーの事実は事実として、どのように展開していくことになるのだろうか。

　例えば、渡来人歴史館の場合、あくまで渡来して来た人たちがいて、その人たちが作った国というものを振り返って歴史考証していくと、こんなこともあった、あんなこともあったとなる。そして温故知新に堪えられるようなものになっていった。

　私の自伝は勝小吉でも福沢諭吉のようなものでもない。

そんな高いレベルの話にはとうていならない。君が小吉の『夢酔独言』や諭吉の『福翁自伝』みたいだと言ってくれるのはたいへん有難い話だが、全く比較の対象にならない。

　ただ地べたを這ってきたような人生なので、もっとストレートに表現したほうがよいだろうという気持ちがある。どういうことか。筋書きの元ができたのは25歳までだ。記憶をさかのぼるとそうなのだ。なぜ私は今渡来人歴史館をやっているのだろうか、それを思うとき25歳までのライフヒストリーにリンクしてくる。

　小学校のとき、担任の先生が授業で『チョウセン』という言葉を出されると、もうすごくドキドキするというか、何とも例えようもない違和感を持った。「『チョウセン』という言葉を聞くのはほんまいやや」と心底思った。私は、そういう人間のひとりではなかったか。

　それが結果として、後に渡来人歴史館に結びつくのではないかと、今そのように推測している。その時はわからなかったが。今思うと、幼少期のときの構造のようなものなのだろう。私の家は農家住宅で、表の玄関を出ると日本人が住む通りだったが、裏口を出るとバラックの建物で朝鮮人部落があった。そういう中で、なぜ河炳俊は裏ばかり出入りしたのだろうか。原点はそこにあると思う。

　そう考えると、幼少期に日本人と仲良くしたことも多々あったが、最後の最後でよりどころにしたのは在日コリアンだったのだ。民団とか総連とかを問わずに。あの頃は、姉

は逆に日本人と関わっていったし父親もそれを望んだ。だが私は嫌だった。だから自然と表口からは出入りしなかった。それが、私の根底にある。あの頃は朝鮮人だと言うだけで蔑視されていた時代だった。だから反面「見返してやろう」という気持ちがあったのではなかったか。

　繰り返すが、小学校時代、先生が『チョウセン』とか『チョウセン人』と言われるのがほんと嫌だったし怖かった。それが自分に言われているようで、心にグサッと刺さってきたのだ。

　それが中学生になると、日本の友だちが遊びに来ることも多くなった。中学になると在日コリアンで徒党を組んでということなどはしなくなった。そのおかげもあって実質的なカミングアウトをしたのではないか。日本人と話をするとき「お前、朝鮮人やろ」と言われても否定することがなかった。ここまで大人になっていたのだ。

＊カミングアウトとは、それまで公にしていなかった自らのルーツを表明すること。

　高校生になったとき、母校石山高校は新設校で、私は第一期生で先輩もいなかった。そのこともあって朝鮮人をあげつらう人もまずいなかった。だから自由な雰囲気のなかで心も自由になり、私の人間性もだんだん変わっていった。これが、幼少期や学生の頃の骨格である。

　子どもの頃、社会の中の逃げ場として競艇場をつかっていた。バラックの家に行った。自分の家にいくより落ち着いたものだ。何度でも繰り返そう。先生が『チョウセン』

とか『チョウセン半島』とか、個人に言われているわけではないのに、その言葉を発せられるだけで「ギクッ」としたのだ。私に大きな心のひだになっていた。それが、「くそっ」と思う気持ちに結びつくことになったのではあるまいか。これだけは、しっかり伝えておこう。

　高校を卒業して浪人中に遊び倒して家から放り出される。ここから自分の若き日の人生が始まったと言ってもよい。社会人としての第一歩を踏み出す。サラリーマンをやるつもりはなかった。これからどうするのか、将来的な展望、そんなものはまったくなかった。
　兄から300万円借りて事業をやったというのも、ある意味"乗り"だった。自分自身まだまだ安易な考えのときだった。それで最初の人生の勉強をしたのだ。300万円はすべてパーになった。そして、私が土建屋の手伝いからリスタートして、24歳で結婚し、その延長線上で独立せざるをえない状況になった。
　300万円の金を借りたときは甘い考え方があった。大阪で先輩から「仕事をやらないか」と誘われ、それを真似てまったく根拠がないのに4人、5人と雇った。厚かましい人間、世の中を知らない傍若無人。それの塊のようなものだった。いかに人間性に乏しかったか。
　それでいくと、幼少期から青春時代を経て結婚するまでの間、めちゃくちゃやっていたようにみえるけど、確かにほんとめちゃくちゃやっていた。遠い先のことなど全く考

えていなかった。責任がなかったからだ。独立してもいい加減だった。それからヒモのような状態もあった。まったく何も考えなかった。だけど一度失敗しても下積みがいやだから、できるだけ手回しよく、何とか這い上がろうという気持ちがどこかにあったのは確かだ。

　一矢報いるときが来たのは、結婚した頃だった。兄と一緒に仕事をしていて、結婚する時にもうそろそろ自由にしてほしい。「野性の鳥もケガをしたときは、籠の中の鳥でしばらくいるが、治ってきたら外に飛びたちたいと思うだろう。今俺はそんな気持ちだ」と言うと、兄は「やれや」と言ってくれた。これは名セリフだ。私の思いが伝わった。兄のもとで社員としてやっているのは耐えられない。25歳のときだった。社会に出て何らかの名をなしたい。やる以上は「今に見ておれ」。

　24歳の結婚、25歳の独立というのは、一度失敗して容認してくれた兄に感謝しながらも、次は絶対失敗できないと心底思った。この時の真剣さは以前とは雲泥の差だった。株式会社三王を作るときのことだ。だけど兄のおかげで事を成したというのは言いたくない。商銀から6000万円の借金をしたが、それ以後は自分の力量でやったのだ。それは誇りにしてもいい。

　そして、この時代が私の人生の原点なのだ。

志と運

　例えば、以前話をした名神高速道路が6車線になり、代替地としての土地開発の必要性が出てきたときのこと。そのプロジェクトをどうするか。そのときの人との関係がほんとよかった。いろんな人に助けてもらい、保安林解除など難しいことを前向きに処理できたり、行政もできないと判断していたことができたのだ。

　これは運がよかったとしか言いようがない。それしか思い当たらない。確かにやったことはタイムリーであったかもしれないし、セオリーに沿っていたこともあっただろう。事業の進め方ややり方が正しかったと言えるかもしれないが、そんなことを差し引いて残るのは何かと言えば運、運だけだ。運がこちらに向いているから事業ができる。これしかない。

　ゴルフ場の場合でもそうだ。平成3年3月31日、石川県は5ヶ所の許可を出したのだけど、環境問題もあってそれ以上は出さなかった。その5ヶ所の中によく入ってくれたなと思う。こんなことは自分の力が及ぶところではない。その代わりに、後々犠牲を払わなければならないことになったが。

　私が謙虚だって？　どんな謙虚さがわからないけど、とにかく商売失敗したらアカンという気持ちだけは持ってい

た。20歳のときに失敗して、それ以降は肝に銘じていた。

　平和堂の夏原さんはじめ、いろんな人との出会いの中で「ああ、商売とは厳しいもんやな」ということを学んできた。会社が大きくなり、社員も増える中で、生き残りをかけて経営していかねばと思いは強くなっていった。

　ただ、商売が上手くいき、成功が続いて横着にはなっても、"自信"というものはあまりなかった。それより、とことん粘り強く、いったん関わったら最後までやるということだけは心に誓っていた。途中で放りだすということは決してなかったな。

　だから、例えば栗東レークヒルズの開発などは許可を得るのに10年くらいかかったし、ゴルフ場も数年、ダイエーも長いしね。長いものにはもう慣れっこになっていた。

　私のこの年表を見ると確かに大きな事業をやってきた。25歳で何もわからんところからだ。これもあの夏原さんに教えてもらったという気がする。

　事業には、社員だけではなく、いろんな人たちとの出会いも必要だった。先生と言われる人やコンサルタント、弁護士や不動産鑑定士など士業の人たち。人間関係が悪くなった人も時々いたが、ほとんどは良い関係を作り上げることができたかな。

　それが私の人格だって？　それがあるとすれば、27歳のとき大津JCに入って以来、民団あり、近江渡来人倶楽部あり、これまで50年近い歴史の中でいろんな人と出会って、皆さんとたいへん近い関係になったからだろう。かといっ

て相手におもねることもなく、経験を積み重ねてきたことで、良い悪いはともかく、私の人格というものが形成されていったのかもしれない。

　志ややる気はあるのだが、運が悪く伸びない人もいる。また志はそれほどなくても、たまたま運が良かったという人もいて、いろんな組み合わせがあるだろう。この組み合わせが人生ではないのかな。評価は自分自身にしかできない。他の人ができるものではない。結局、客観的な評価基準というものはないのだろう。

「日本社会の目覚まし時計」に

　この前、夢を見てね。小さい時、日本人が嫌いなわけではないのに、家の裏のバラックに住む在日コリアンの家ばかり行って、姉は表にしか行かず、韓国人との付き合いをしていない。こんな夢。

　この夢を見た延長線上の話だけど、琵琶湖の競艇場の予想屋の下には貯金箱あると言ったよね。そのことを思い出して、「競艇場・予想屋の足もとには金庫がある」といったコピーというのも面白い。子どもの頃はそんな遊びを徒党を組んでいった。朝鮮人部落は20軒ほどしかないのにあまり日本人は入ってこない。とにかく外で遊んだ。よその庭

であろうが、そんなことは関係なく、さすがに我が家には来なかったけどね。そう思うと、こうして徒党を組んで遊ぶというのは、あの時代の弱者の論理、いわゆる鰯と同じだ。なんか安心するのかもしれない。

　私は日本人も朝鮮人も同じように自然体で付き合ってきた。分け隔てなくね。私は日本人だから嫌いということはなかったし、かといって特別好きだと思ったこともなかった。これは朝鮮人に対しても同じこと。このことは今日まで一貫している。生活でも、事業でも、JCでも、民団でも、近江渡来人倶楽部でも、社会全般においても、このことは今日まで何も変わらない。

　おそらく、こんな発想は父や母、兄や姉とともに生きて来た私の生活の環境の影響が大きかったからだと思うな。在日韓国人の先輩の中には、日本社会に馴染めないという度合が、歳と共に大きくなっていく人が少なくない。あまり声には出さないが。だけど、私はそんなことは何もなかった。日本社会が差別しているなどといった発想はなかったしね。自分たちが差別されてきたという被害者意識が強くなっていくとどうしてもそうなるのだろうけど。

　"多文化共生"という言葉をよく使うが、私はむしろ、年を重ねていけばいくほど、日本社会の中での拡がりが大きくなっていったような気がする。日本社会には多様な因子がある。それを考えひとつひとつ繋げていきながら生きていくことが大切で、これこそ「多文化共生社会」の原点だと思う。私自身としては、日本社会を良くするための「目

覚まし時計」にならなければならないと強く思っている。

　民団に入ったお陰でいろんなことが理解できた。やっぱり在日韓国人はどこか偏っているところがあるのだ。もちろん日本人の中にもいびつな人もいる。だけど、それはほんとうの社会ではない。そんな多文化共生社会を作ることを近江渡来人倶楽部でできるのではないか。やれるとしたらそこではないか。

　日本人はヤマト民族という言葉で表現されるように、どこか独自性があると、しかも、どこから来たということを曖昧にして、原産地"日本"であるとしている。そういう中で頑張って、カミングアウトしてやれるかどうか。結果として残念なことになる可能性もあるだろう。そうならないためには武器が必要だ。勇気という武器。私たちは若い時以上に勇気が必要なのだ。

　近江渡来人倶楽部を作ってから河炳俊という名前がしっくりいっている。河本行雄は仕事の関係だということであっても。これもある面ではラッキーだった。

　36歳のとき、大津JCの理事長に就任したときの名刺には、河本行雄と河炳俊と両方の名前を併記した。それを見て関係者はびっくりしていたね。「嘘だ」と。大津は在日韓国人がJCの理事長になったことで、他の地域のJCもそれを真似て外国人が理事長になれるようになった。この名前を入れようかどうしようか迷ったことも実際あったけれど、今しかできないと考えた。本名を併記したのは、必死の抵抗の証だったのだ。

忘己利他
――「思い」から「思いやり」へ

　生まれてから25歳まで、25歳から75歳までの変遷を語り、書き記してきた。そして、これまで生きてきてこれからどうするか、このことも書き入れていきたい。

　本当の自分のやりたいこととして、滋賀県内の在日コリアンを中心とし、日本人を含めて2000年に「近江渡来人倶楽部」を作って今日に至っている。今75歳で何を感じるか。25歳からの50年間は経営者としての50年であると同時に、社会活動家河本行雄・河炳俊の50年でもあるのだ。

　プロローグはいい加減な生活をしていたが、エピローグは、最後の落とし前として、今でいいのか、それにプラスしていくのか、新しいことを考えていくのか。社会との関係での落とし前がついていない。

　社会参加というのは、社会人としての落とし前である。自分自身としての落とし前をどういうふうなくくりにするのか、そのときに出てきたのが「忘己利他（もうこりた―自分のことを忘れ他人のために生きる）」という京セラの稲盛和夫さんが言った言葉。もとは日本の天台宗を開いた伝教大師最澄の言葉だが、これはカッコ良すぎて、レベルが高すぎて、私の発想ではきれいごとにしかならないかもしれないが、最高の名言だと思っている。私の座右の銘だ。

自分の言葉に置きなおすと、「『思い』から『思いやり』へ」となるのかな。「思い」とは先ほど述べた「志」であり、己の課題に挑むこと、「欲」と不即不離の面もある。「思いやり」とは、究極の人間性であり、「徳」につながるもの。人間本来のあるべき姿への到達を目指す、生命あるものの責務と自分なりに整理している。

「思い」はある程度成し遂げてきたけれども、そこから脱皮して、この「思いやり」を残る人生の宿題として実践していきたい。まだ何をするとも漠然としているし、果たしてできるかどうか、後どれだけの時間が与えられるかもわからないので、夢と言った方がよいかもしれないが。

近代の渡来人、ここに眠る

「こんな人生もあるんだ」と読み手の人たちが「面白かった、愉快だ」と思ってくれたらいいね。私の話した内容について、墓まで持っていくべきものもあったかもしれないが、世の中に出していくのも面白いかもしれないと綴ってみた。差し障りがあったとしたら、許していただきたい。

生まれて75年、事業を始めてから50年の足跡は何とか一冊にまとまったかと思う。"落ちこぼれからの七転び八起き人生"のピリオドとして、私の墓には「近代の渡来人、こ

こに眠る」と刻んでほしい。

第8章
人生の記録と年表

「四住期」と私の人生

古代インドでは「四住期」という考え方があって人びとの間に広がっていったらしい。これは人生を四つの時期に区切り、それぞれの生き方を示唆するたいへん興味深い考え方だ。

生まれてから25年が「学生（がくしょう）期」、そこから25年生きて50歳までが「家住（かじゅう）期」で、さらに50歳から75歳までが「林住（りんじゅう）期」の25年、75歳になると「遊行（ゆぎょう）期」に入っていく。

私の人生はまさにこの「四住期」の通りだ。「学生期」は学校で勉強して身体を鍛え、仕事や恋愛など体験を積んだ。25歳になった「家住期」に結婚をベースに独立して会社を創立。家庭をつくり子どもたちを育ててきたし、生きる糧を求めて経済活動に必死に取り組んできた。50歳からは社会活動だ。近江渡来人倶楽部や渡来人歴史館を作って奮闘してきた。そして75歳の今があるんだ。

そして、これから私は遊行期に入る。地元大津の街に貢献する。夢を掲げ元気に生きていきたい。

人生は「志」と「運」の組み合わせ

年代	年齢(歳)	章立て	トピック	細目	
★学生期					
1948年(昭和23年)	誕生~25 0~12	幼少期(誕生~小学生)	北別所 畑の中の一軒屋・農家住宅	表(日本)と裏(在日・バラック小屋)の世界	
			屈託なく遊ぶ在日韓国人の子どもたちと仲良く差別はあっても深刻に受け止めず周囲はおおらかな雰囲気	競艇場での小遣い稼ぎ	
				琵琶湖ホテル・紅葉館・臨湖実験所	
				魚釣り・四季の果物・千石岩	
				草野球	
1961年(昭和36年)	13~18	学生記(中学生~高校生)	実家にクラスメートを招く	水泳とサッカー	
				ヤミ米販売の手伝い	
				サッカーに熱中し骨折	
				新設校で男女仲良く楽しい高校生活	
1967年(昭和42年)	19~23	青春期(予備校~建設興信所)	恋愛、家から出され自活	実家・寮生活	
			建設興信所、独立の失敗、無職	女性との出会い、同居、実家生活	
			日雇い、山での砂利採掘(大和産業)		
1972年(昭和47年)	24		見合い、結婚		

183

年代	年齢(歳)	章立て	トピック	経済活動	社会活動
★家住期	25〜50				
1973年(昭和48年)	25	青年期	長男誕生	会社設立	
				仲介業務の競争激化、宅地開発・分譲住宅	
				ゴルフ三昧	
				平和堂・夏原平次郎氏との出会い、苦渋	
				事業拡大	
1975年(昭和50年)	27	(社会活動の目覚め)アイデンティティを求めて			大津青年会議所入会・佐藤良治氏との出会い・日本JC(指導力開発委員会)出向・土屋ホーム・土屋社長との出会い・社会と向き合う (日本社会との関わり・貢献)
1984年(昭和59年)	36				大津青年会議所理事長就任
1985年(昭和60年)	37			パチンコ事業への進出	
				森商事・森社長との出会い	

年	年齢	時期	社会・事業の出来事	会社・施設	備考
1989年 (平成元年)	41			(株)三王,梅林本社の竣工	在日本大韓民国民団・入団 ・滋賀県本部総務部長就任 ・社会を見る視点や視覚を知る
1991年 (平成3年)	43	壮年期	バブル崩壊	柳が崎本社竣工 のれん分け ゴルフ場開発 (1987年) →売却 (1992年)	
1994年 (平成6年)	46		金沢事件 債務処理本格化 事業の危機と克服 生き残りをかける	留置場,拘置所 債務処理 生き残り (金融機関との関わり) 浜大津再開発組合	
1995年 (平成7年)	47			ダイエー(ハイパーマート) 彦根店オープン	
★林住期	50~75				
2000年 (平成12年)	52			栗東レークヒルズ	近江渡来人倶楽部設立 ・社会においての なすべきことの実践 日本社会の目覚まし時計

185

年代	年齢(歳)	章立て	トピック	経済活動	社会活動
2000年(平成12年)	52			栗東レークヒルズ	多文化共生 ・渡来人歴史館 ・多文化共生支援センター、ヒューマニティブフォーラム、多文化交流フェスティバル ・OTCマタン ・在住外国人自立支援協会、滋賀県国際協会評議員 ・県受託事業
2002年(平成14年)	54			ダイエー(ハイパーマート) 彦根店閉店	
2012年(平成24年)	64			のれん会、世代交代	
★遊行期	75～				
2023年(令和5年)	75	熟年期 エピローグ	創立50周年 忘己利他 落とし前をつける 近代の渡来人、ここに眠る		

アルバム

中ノ庄事務所（1973年）

梅林本社建設（1989年）

柳が崎本社（1991年）

会社社員（2018年）

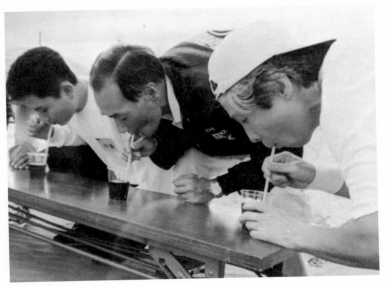

社員運動会（1993年）

大津JC　韓国バンポJCと（1984年）

大津JC　創立65周年記念式典（2004年）　息子たちと

近江渡来人倶楽部　歴史講座（2013年）　あいさつ

近江渡来人倶楽部　踊り（2000年）

渡来人歴史館

SHIPS

子ども食堂

カポエイラ教室

日本語教室

ヒューマニティーフォーラム第14回（2015年）

ヒューマニティーフォーラム第17回（2017年）

第1回 おうみ多文化交流フェスティバル（2004年）

第2回 おうみ多文化交流フェスティバル（2005年）

会社創業40周年記念式典・妻と（2013年）

妻と孫と（2012年）

家族（2023年）

あとがき

　不動産業の会社を興して50年、自身も75歳になる年を迎えたこと、またここ数年、代表を務める近江渡来人倶楽部の20年誌の発行や館長を務める渡来人歴史館のリニューアルを行い、また新型コロナ禍の中で来し方行く末に思いを巡らせる時間が多かったこともあり、知人のライフヒストリアン姜永根さんの勧めに背中を押されて、自分の半生記（50年史）をまとめてみるのもいいかなという気になりました。

　加えて、自らの年齢を考慮し、子供や孫に包み隠さず失敗の教訓（小さな成功もありますが）を残しておきたいという考えも胸の奥にありましたし、ここで一区切りをつけて人生のラストステージに臨みたいという思いもあり、自分史の出版を決断しました。

　ふたを開けてみると、聞き書きをしてもらう過程で忘れていた記憶がよみがえってきたり、資料を読み返すと間違いに気が付いたりで、思っていた以上に時間を要する作業になりました。

　在日コリアンとして生まれた河炳俊（河本行雄）が、自らの出自と置かれた環境に目を向け、日本の社会で生き、経済活動や社会活動、あるいは本やテレビ番組、識者のお話

や仲間との議論を経て辿りついた考えはこうです。

　人類がアフリカ大陸を出発してはるかな旅（グレートジャーニー）を続け、その行き着いたところが日本であり、陸からまた海から渡ってきた人々の末裔が日本人である。

　この結論に自分では腑に落ちた思いがして、その観点から渡来人歴史館のリニューアルを行いました。

　渡来人という言葉は日本の古代国家形成期に朝鮮半島から日本に渡ってきた人々を指すものと理解していますが、現在、日本列島に永住する全ての人たちが渡来人であり、親の時代に朝鮮半島から日本にやってきた自分を「近代の渡来人」と位置付けることで、自分の立ち位置が定まったように感じています。

　この本をまとめる中で、改めて私の人生を振り返ると、「出会い」と「運」に恵まれた人生だったと感じます。様々な挫折と再起、そして新たな出発を繰り返しましたが、こうして人生を振り返ることができるのは、たくさんの「出会い」と「運」があったからではないだろうかと思います。

　さらに深く考えてみると、25歳からの私の人生において、挫折したときも再起するときも、新たな出発をするときも、事あるごとにいつも妻が傍らに居ることに気づきました。時には尻を叩き、時には黙って後ろから支える。それがあったからこそ、「おちこぼれ」が「七転び八起きの人生」を歩むことができたのではないだろうか。いわば、私は妻の手の上で踊っていたのではないだろうかとさえ思い

ます。つまり、言葉にするのは少し気恥しいところもある
のですが、私の人生において、妻と結婚して人生を共にで
きていることが、私の最大の「出会い」であり「運」なの
ではないでしょうか。

　妻や家族はもとより今まで出会ったたくさんの方々の支
えがあったからこそ、様々なことに挑戦でき、人生を一生
懸命走ることができたことに深く感謝します。
　アフリカにルーツを持つといわれ、多くの人に引用され
ている諺があります。
　"早く行きたければ一人で進め。遠くまで行きたければ
みんなで進め。（If you want to go fast, goal one. If you
want to go far, go together.）" 私たちの祖先はまさにこう
した思いで日本列島に辿り着いたのかもしれませんね。
　残された時間は限られていますが、家族、社員、在日コ
リアンをはじめとする海外出身の人々、そして日本の人々
と一緒に、この愛する日本の社会が、世界からも尊敬され
るような包容力のあるよりよき社会となるように微力を尽
くすこと、カッコよく言えば「忘己利他」が "人生の落と
し前をつける" という自分の一番の幸せにつながると思い
を新たにしています。

河本 行雄（河 炳俊）

〈プロフィール〉

河本 行雄（河 炳俊）

1948年　大津市に生まれる。
1966年　滋賀県立石山高校卒業。
1973年　不動産事業開始。
1975年　社団法人大津青年会議所（大津JC）に入会。
1984年　大津JC理事長に就任。
1993年　在日本大韓民国民団滋賀県本部大津支部団長に就任。
1996年　在日本大韓民国民団滋賀県本部総務部長に就任。
2000年　近江渡来人倶楽部設立、代表に就任。
2006年　渡来人歴史館を開設、館長に就任。
2008年　多文化共生支援センターを開設、館長に就任。
2011年　NPO法人外国籍住民自立就労協会を設立、理事長に就任。
2013年　公益財団法人滋賀県国際協会評議員。

聞き書き

ライフヒストリアン　姜永根（カンヨングン）
ライフヒストリー良知　代表
1956年生まれ
滋賀県立膳所高校／韓国高麗大学校経営大学卒業
韓国の総合商社を経て20年間会社経営に携わる。
高齢者に対する心理回想法・老年行動学・心理カウンセリング・
介護予防などの研究と実践を積み重ね、また昭和史と平成史の編纂を行い、
2016年から「口述自伝制作事業」を展開する。

近代の渡来人
落ちこぼれからの七転び八起き人生

2024年7月8日　第1刷発行

著　者　河本行雄（河炳俊）
　　　　かわもとゆきお　　ハ ビョンジュン

発行者　太田宏司郎

発行所　株式会社パレード
　　　　大阪本社　〒530-0021　大阪府大阪市北区浮田1-1-8
　　　　　　　　　TEL 06-6485-0766　FAX 06-6485-0767
　　　　東京支社　〒151-0051　東京都渋谷区千駄ヶ谷2-10-7
　　　　　　　　　TEL 03-5413-3285　FAX 03-5413-3286
　　　　https://books.parade.co.jp

発売元　株式会社星雲社（共同出版社・流通責任出版社）
　　　　　　　　　〒112-0005　東京都文京区水道1-3-30
　　　　　　　　　TEL 03-3868-3275　FAX 03-3868-6588

装　幀　藤山めぐみ（PARADE Inc.）

印刷所　創栄図書印刷株式会社